「意味」の臨床

現実をめぐる病理

李 敏子

Minja Lee

MEANING AND REALITY

新曜社

まえがき

「現実」という言葉が、治療場面でしばしば聞かれる。

現実は変えられない……。
この現実を受け入れられない……。
厳しい現実がある……。
現実がこわい……。
現実がピンとこない……。

ここでは外的現実、つまり日常の社会生活をさして「現実」という言葉が使われている。多くのクライエントは、自らと「現実」との間で困難をかかえているのである。

そして、その困難が大きければ大きいほど、かれらの意識に浮上してくるのが「意味」の問題である。

何が起きたのか、意味がわからない……。
生きている意味が感じられない……。

この意味を見出すために、さまざまな試みがなされる。

現実とは、現実の見方のことであり、現実への意味づけのことである。現実の見方がたった一つに限定されると、私たちは暗い世界に閉じ込められたように拘束された生き方しかできなくなる。しかし、だからといって現実に対して多くの理論をあてはめて解釈してみても、そこには雑多な意味が混沌として出没するだけで、結局は無意味に陥ってしまう。意味がわからないと、行動を決定することができないのだから、日々生きることじたいが困難になる。意味の過剰な拡散は、意味の固定化よりも苦しいだろう。

意味の輪郭があいまいだったり、断片的な意味が押し寄せるとき、現実の全体的意味が把握できず、現実感が失われる。意味が失われるとき、現実感も失われるのである。そこには体験がない。そして、ひとつの世界で現実感を失うとき、人は、べつの世界で現実感を得る。

意味にこだわるのはよくない、という考えがあるが、過剰に意味を考えてしまうのは、意味を感じとれない、という欠如があるからである。

本書では「現実」と「意味」という二つの視座から、記憶・空想・夢・宗教・仕事などについて、私自身の治療経験と照らし合わせながら考察してみたい。

目次

治療という現実

装丁　上野かおる

「意味」の臨床

――現実をめぐる病理

不確かな意味

第一章　意味が現実をつくる

認知には意味が浸透している

人は外界を、カメラのようにそのまま写しとるのではなく、すでにもっている「意味」の枠組を通して知覚している。また、知覚や認知にはさまざまな欲求や感情が影響している。それらがすべて無意識的に進行して、私たちの現実を構成しているのである。フロイトが記述した錯誤行為も、[1]無意識的な欲求が知覚に影響を与えることを示している。

人が入力情報を処理して出来事に「意味」を付与し統合する心的枠組みはスキーマとよばれるが、[2]それは過去の経験によって構成され、新たな情報の処理に関与することで変化しうる。

ベックらによれば、認知的スキーマは抽象化・解釈・追想に関係し、情動的スキーマは感情の発生原因となる。たとえば、うつ病では「否定的スキーマが優勢になり、その結果、体験の解釈や想起、短期的・長期的予測において系統的な否定的偏倚がみられるとともに、肯定的スキーマは利用されなくなる。うつ病患者にとって、ある出来事の否定的側面を見ることはたやすいが、肯定的側面を見ることはむずかしいのである。患者は肯定的出来事よりも否定的出来事をはるかに簡単に想起できる(3)」。

またレヴィンソンとローゼンバウムは、抑うつ患者とそうでない人に、幼少期の親の養育態度がどうであったかを思い出してもらって、現在抑うつ状態にある人、以前は抑うつだったが現在は回復している人、現在も過去も抑うつではない人の三つのグループを比較した。その結果、現在抑うつ状態にある人だけが親の否定的な養育態度を強く述べ、あとの二グループには違いが見られなかったという(4)。このことから、現在の抑うつ状態が想起内容に影響していることがわかる。

このように「多くの患者は非機能的な基礎的信念と矛盾する体験を組み入れられるような適切なスキーマを形成したことが一度もない。そこで、彼らは新しい肯定的な体験を統合できないで、そのため、さまざまな出来事を既存のスキーマを用いて濾過し続けることになる。結果として、患者の人生経験は、自分自身や他人に関する彼らの非機能的な――通常は否定的な――信念を強固にするように形成されていく(5)」。つまり、スキーマにそって現実が切りとられ、その現実は「やはりそうであったのか」と、スキーマの正しさを「証明」するものとして受けとめられ、さらにスキーマが固定化されるという悪循環が生じる。病者において問題となるのは、スキーマが固定的で適応的でないということである。あらゆる出来事にたったひとつの意味を付与する妄想患者のように、現実の見方が多様性を失い貧困になる。

また、対人認知は人格特性によって一貫した影響を受けている。認知理論によれば、人格特性とは、基本的な認知的スキーマによって開始された行動様式のことである。たとえば、自己愛的な人は、常に他人が自分を賞賛して受け入れてくれていると期待し、またそう感じやすい。自分自身に対しても賞賛したり、甘い評価をしていることが多い。しかし、自分の期待に反して賞賛が得られないと、自己愛的憤怒を示す。劣等感の強い人には、他人が自信に満ちあふれて社会で活躍しているように見えるだろう。

町沢によれば、分裂病者は、発病前は平板に他人の良い面だけを見ているが、発病後は被害的になり、他人の悪い面だけを見やすいという。[6] 発病をきっかけにして、「善」と「悪」の転換が生じるのは、「悪」があまりにも排除されていたからではないだろうか。境界性人格障害の人にとっては、自他ともに「良い人」か「悪い人」のどちらかであり、中間がない。また、両者が容易に入れかわる不安定な世界に生きている。ベックらは人格障害者について次のように述べている。

人格障害者は、他の人たちに比べ、非常に多くの状況下で同じ行動を反復することになる。人格障害の典型的な非適応的スキーマは、他の人たちのスキーマと比べ、多くの状況あるいはほとんど大部分の状況において喚起され、強制的性質を持ち、制御や修正が容易ではない。……たいていの場合、これらの様式は、その個人の重要な目標という点からみると、自滅的である。要約すると、他の人と比べ、人格障害者の非機能的態度と行動は過度に一般化されており、柔軟性に欠け、命令的であり、変化に抵抗するものである。(7)

こころの病気や人格特性は認知に固定的な偏りをもたらし、また、その認知が病気や人格特性に影響すると考えられる。

ところでスキーマは、どのようにして変えられるのだろうか。

スキーマの同定・修正・改変を目指す認知療法において、「強烈な感情が喚起されたということは、中核的スキーマが明らかになったことを示すだけでなく、非機能的思考がいっそう修正されやすいことをも示唆している」。強固な信念を改変するためには、外傷となった過去の出来事を患者に再体験させて感情のカタルシスを経験させる方法が用いられる。

これは、感情を伴う過去の回想がヒステリーの治療に有効であるとしたブロイアーとフロイトの見解と一致している。(8) つまり「誘因となる出来事の記憶を完全な明白さで呼びさまし、それとともに、随伴する情動をも蘇らせることに成功し、それから患者がその出来事をできるかぎり詳細に語り、情動に言葉を与えるならば、個々のヒステリー症状はたちどころに消失し二度と起こらない」。

このように、認知の歪みを修正することは、中核的信念を変容させることであり、強い感情体験を伴うのである。

妄想——意味を見る、聴く

なぜ人は妄想をもつのだろうか。

たとえば分裂病患者にとって妄想は、混沌に意味を与える試みとしてとらえられる。

妄想的知覚とは、知覚されたものへの異常な「意味」づけのことである。村上によれば、「われわれにとっては日常的な出来事が、意味ありげに、起こるべくして起こった必然的な出来事として体験される。患者にはまるで『偶然の概念』がないかのごとくである[9]」。

中井は、実際にそのように体験されているときに、他人が「客観的事実」と合わないとして否定しても無効であるという。「実感は論理より強い」のであり、他人の妄想のおかしいところは指摘できても、「自分の場合にはほんとうだからしかたありません」と患者は言う[10]。こころの自由度がゼロ

に近づくと、すべてが恐ろしい必然に見え、因果律の言葉を使って妄想が表現されることになるのである。(11)

とくに妄想型分裂病患者は、妄想を補強するために、ほとんどすべてのことを目的論的因果律によって、つまりある人物の意図のせいであると解釈する。(12) そして、妄想をもつと分裂病患者の緊張が急にゆるむことから、妄想は、「奈落に落ちるような恐怖と、その後遺症あるいは修復過程」である分裂病的事態に対する防衛ともとらえられている。(13)

また松本は妄想と幻覚を、「患者に出来した『不気味』な事態を、患者なりに『意味』ある形で捉えようとする営み」であるとみなしている。なぜなら「その出来事を、意味として、言葉として、捉えなければ、彼らは永遠に『無意味』『不気味』な世界をさまよわねばならない」からである。(14)

> 声は、聞こえてくるのではなく、「意味」を声のように「聴いている」。幻聴とは、このように捉えることはできないだろうか。聴覚としての感覚性は希薄であり、むしろ意味の方こそが濃厚なのだ。だから、「本当の声とは少し違うが、それよりももっとリアル」に胸を突き、彼女に迫ってくるのだろうし、「声の質はわからないが、言っていることはわかる」ことになる。それらは、すでに意味のわかっている言葉の「声」だからにほかならない。

さらに「説明妄想」も、体験を意味づけ説明することへの人間の欲求を示している。

ユングは分裂病患者の妄想体系を、混乱した病的世界を定位づけ秩序づけようとして生み出された主観的神話、新しい世界観であると考えている。[15] やはり人間は、混沌と混乱を、どのようなかたちであっても意味づけ、秩序づけようとするようだ。

人はなじみの意味世界のなかに出来事を定位しなければ安心できず、それができないような事態に遭遇すると容易にパニックに陥る。物理的世界においては同時に無数の出来事が生じているが、人は自分にとっての意味の秩序、優先順位によって、それらを無意識的に取捨選択して体験している。しかし強迫症者においては、瑣末なものと重要なものの区別がつかず、なにもかも拾いあげねば気がすまなくなる。これは意味論的には、なにも拾い上げられていないのと同じであり、こうして意味の世界が混乱すると、自分なりの秩序や規則を構築して儀式的行為に及んだり、強引な意味づけをするようになる。

またユングの「共時性」「意味のある偶然の一致」という概念も、人間の意味づけの欲求を示している。その共時性は、以下のように分類される。[16][17]

① 観察者のある心的状態と、それと同時に生じる、その心的状態に対応するような客観的で外的な出来事との符合。その心的状態と外的な出来事との間に因果的な関連は認められない。

② ある心的な状態と、空間的に離れたところで同時に生じる外的出来事との符合。

③ ある心的な状態と、時間的に離れた、つまり未来に生じる、外的出来事との符合。

ユングによれば、意味はアプリオリに存在し、人間の外部に実在している。[18] つまり、先に意味の配置があり、それが人間の意識に立ち現れるのである（ただし右の分類の②③においては、共時性は後にしか立証できない）。意味のある偶然の一致が生じるのは元型的布置があるからであり、人はそれをヌミノースなものとして体験する。そして、そのような情動的体験が、心理的変容のきっかけになりうるという。

「共時性」とは、ひとつの現実の見かたである。

特に①の場合、ある心的状態が、同時に生じている複数の事象のなかから、その心的状態と関連する事象を選択的に知覚させ、それを「共時性」として認知させている可能性がある。②③についても、事後的に同様のことが生じていると考えられる。

ここで重要なのは、複数の出来事に意味連関を感じとるのは人間の主観だということである。心的状態と符合しない多くの出来事は、実際に無視されているし、符合した出来事を単なる偶然とみなすことも可能である。「共時性」という見かたの実際的意義は、意味の配置を感じとるというヌミノースな体験が、自我の意図を超えたより大いなるものとのつながりを感じさせ、宗教的感情をもたらし、人を謙虚にし生を重層的で豊かなものにすることにあるだろう。ここで宗教とは、ジェームズに従って「個々の人間が孤独の状態にあって、いかなるものであれ神的な存在と考えられるものと自分が関係していることを悟る場合だけに生ずる感情、行為、経験」であると定義される。[19]したがって、時に見られるように、ほとんどすべての出来事を「共時性」として解釈してしまうことは、ドグマティックな自我の一面性を表し、「共時性」概念じたいを無意味にするだろう。このことについては、ヒルマンも次のように述べている。

パラノイアは、意味の障害として定義されてきた。つまり、分化していない自己の元型の影響に関係しているかもしれないのである。共時性という教義を防衛的に用いて、取るに足りないような偶然の一致に深遠な意味を持つ秩序を認めるような体系化は、この障害の一つの例に他ならない。[20]

意味の喪失は過剰な意味付与を生み、こころが混沌のなかにあればあるほど、強引な意味づけがなされる。一般には、意味にこだわるのはよくないという考えが流布しているが、人間にとって意味がいかに必要であるかを、これらの病理が示しているといえよう。

記憶の意味、あるいは意味の記憶

記憶はつくられる。

記憶の真実性については、これまでに多くの研究から疑問が投げかけられ、記憶は創造的構成物であるとみなされるに至った。認知に解釈が伴うように、記憶にもつねに、現在の自己からみた過去の解釈が伴っている。また記憶そのものが、「事実」の記憶ではなく「解釈」の記憶である。[21] そして、過去を想起し語らせる動機は、現在にある。過去の記憶は、現在の欲求によって作られるのである。このことに関してフーコーは次のように述べている。

発達においては、現在を動かし、現在を可能にするのは過去である。しかし個人史においては、過去から区別され、過去に意味を与え、過去を理解できるものとするのは、現在なのである。……退行は、たんに発達の一つの潜在性ではなく、個人史の帰結でもある。……精神分析は……患者が自分の個人史を再現するのは、現在の状況に対処するためであることを、やっと認めるようになった。[22]

認知心理学における記憶研究は以下のことを明らかにしている。[23]

まずスキーマが次の四つの方法で記憶に影響する。

① 選択——符号化し、記憶のなかに貯蔵するものを選択する。最も活性化されたスキーマに無関連な情報は無視される。
② 抽象——記憶内の情報は特殊なものから一般的なものへと変形を受ける。
③ 統合と解釈——観察と解釈と先行知識が記憶表象のなかで統合化され、後にそれらを区別する

ことはできない。

④ 標準化――出来事の記憶は、先行する期待に合うように、またスキーマと矛盾しないように歪められる。

付加・削除・解釈・歪曲などは、記憶表象が最初に構築されるときにも、後から思い出す際に再構成されるときにも、起こりうる。目撃者の証言に関する実験は、後から誤りを誘発する情報を与えられれば、目撃された出来事の記憶が歪曲されることを示している。現実性識別とは、実際に起こったことと、想像したり意図したり考えたりしたことを区別する能力であるが、現実性識別の失敗は日常生活においても実験的にもみられる。言語情報の記憶では、単に含意されただけの事実を、先行するスキーマに基づく推論によって情報の精緻化がなされるため、断定されたものと混同されることがある。

このように記憶表象は、先行するスキーマ、後の誘導、想像との混同などによってつくりあげられる。また、実際にはなかった出来事の「偽りの記憶」を実験的に植えつけることも可能である。このことは、記憶が、他者からの誘導、また自分自身の想像や暗示によって自在につくられることを示している。

たとえば幼児期の性的虐待の記憶についても、治療者による誘導、暗示によってつくられ得ることが指摘されている。ロフタスとケッチャムによれば、性的虐待を受けたという偽りの記憶は、それを期待するカウンセラーによって用いられる、年齢退行、身体記憶の解釈、暗示的な質問、誘導による視覚化、夢を性的に解釈すること、侵入的なアミタール面接などの技法、などによってつくられる。(24) 記憶のイメージは、「恐れ、夢、欲望、そしてほんの少しの現実」からつくりだされるのである。

記憶は現実と空想を往復する乗り物であり、私たちは何度も往復して、現実の乾いた藁から一貫性のある色彩豊かな物語を紡ぎだすのだ。記憶は語りかけ、私たちはそれを聞いて魅了される。過去に何があったか知りたいと欲し、問いに答えを求め、不確定であいまいなことを解決しようとする。記憶は最も忠実で信用の厚い召使。思い通りになるのだ。

グリーンワルドは、個人史をつくりあげ改訂する際には、情報を自分に都合のよいように歪めて操作する「全体主義的自我」があり、次の三つの情報操作を行うという。(25) すなわち、自分がその出来事において実際以上に中心的な位置を占めているかのように知覚する「自己中心性」、成功の原因は自分に求め失敗の原因は他人に求める「ベネフェクタンス」、すでにある自分のものの見方を補強するように選択的に情報をとりいれる「保守性」である。

このように記憶は、記憶「痕跡」の再興奮ではなく、「創造的な構成あるいは再構成」である。しかもそれは、主体の現在の「情緒的態度」を「正当化」するような構成物なのである。[26] すなわち記憶は目的に沿って語られる。遠藤によれば、「目的は意識されている場合もされていない場合もあり、また、この目的が結果としてうまく達成される場合もうまくいかない場合もある。いずれにしても、人は目的に沿って語ろうとするのである」[27]。

フロイトは、抑圧された思想や願望が幼時記憶の中へと移動したものを「隠蔽記憶」と呼び、その概念によって同様のことを述べている。

記憶の歪曲は、不快なあるいは好ましくない印象を抑圧したり置き換えたりする目的に奉仕している。……歪曲された記憶は、われわれが知る最初の記憶である。それが作られた記憶痕跡の素材が、もともとどんな形をしていたのか、われわれにはわからないままである。……幼いころの記憶は、よく言われるようにこの再生の時期に浮かび上がったのではなく、その時に形成されたのである。歴史上の正確さを保とうという意図からはほど遠い多くの動機が、記憶の形成と選択に影響をおよぼした。[28]

……いわゆる最早期の幼時記憶は、実際の記憶痕跡ではなく、その後に加工されたものである。この加工は、後のさまざまな心的な力の影響を受けているかもしれない。個人の「幼時記憶」はまったく一般的に「隠蔽記憶」の意味を持つようになり、その時、伝説や神話に書きとめられた民族の幼時記憶とのあいだに注目すべき類似性が生じる。[29]

またフロイトは、「ある人間が過去について報告する場合にはいつも、彼がたとえ歴史編集者であっても、意図せずに、現在や、現在までに経過した時間を、過去へと溯って配置し、過去そのもののイメージを偽造することを考慮せねばならない。……過去への『遡行ファンタジー』の事実を正当に評価せねばならない」とも述べている[30]。

こうした例からもわかるように、記憶とは、現在における過去の物語の創造である。記憶は構成されるものであり、現在の出来事によって変化する。なぜなら、出来事の「意味」と、出来事に対する「感情」が変化するからである。

記憶についてコートルは以下のように述べている。――記憶の間違いが起きるのは「現在の考えを過去に投影」して、「過去を現在と似たような形に作り変えてしまう」からである。「人間は幸せ一杯のときには楽しい思い出が浮かんでくるし、悲しいときには憂鬱なことばかり考える」というように、記憶は情緒的気分によって左右される。また、「いくつもの記憶を一つの物語にまとめるときには、強調したい点にますます重点が置かれる」ようになる[31]。

「歴史的事実」は掘り起こせない。できるのは「物語的」事実、すなわち「美的な仕上げ」が施され、クライエントの現在の性格にマッチしたひとまとまりの真実にすぎない。しかし、クライエントが元気を取り戻すには、物語的真実さえあれば十分だ。

つまり、「記憶の本当の関心事」は「自己の意味の創造」なのである。自伝的記憶は「個人的神話」

ともよばれるが、それは「自己、つまり自分とはいったい何かということについて説得力をもたせようとする」物語である。神話の存在は「生存」の、つまり「精神的な意味で自己が生き残れるかどうか」の問題であり、前世の記憶を信じることで救われている人がいることも否定できないという。

たとえば、アイデンティティの未確立な人に個人的神話を語らせても、物語のプロットがあいまいであったり、拡散していたり、未完結で終わることが多い。まだ自己の物語をもちえていないという印象を受ける。したがってアイデンティティの確立とは、その時点での自己の物語の創造であるともいえよう。

ユングも『自伝』のプロローグにおいて次のように述べている。

> 内的な見地からすると我々はいったい何であり、人はその本質的な性質において何のように思われるかを我々は神話を通してのみ語ることができる。神話はより個人的なものであり、科学よりももっと的確に一生を語る。……私が企てたのは、私個人の神話を物語ることである。とはいえ、私にできるのは、直接的な話をすること、つまりただ「物語る」だけである。物語が本当かどうかは問題ではない。私の話しているのが私の神話、私の真実であるかどうかだけが問題なのである。(32)

ということは、過去の記憶とは、「わたし個人の神話を物語ること」である。物語じたいは虚構である。事実と虚構という二分法があるのではなく、言葉にするという作業じたいが、すでに虚構を含むのである。しかしその虚構は、言葉にすることで「現実」化し、他者に物語ることで「現実」の体験になる。何度も語られた物語は、強い現実感をもたらすため、それが唯一の「現実」になる。さらに、自己が物語のなかに表現を求めるだけでなく、その作られた物語が逆に自己に影響し、自己を形成するという相互作用がある。

柄谷によれば、告白とは「一面化」をまぬがれない「自己劇化」であり、英雄譚や悲劇の主人公として自己の物語が創造される[33]。出来事をあらゆる観点から描写することなどできないのである。また、自伝的記憶が他者との相互作用によって変容され創作されることは、多くの臨床的・実験的研究によって証明されている。「実験室の外の世界では、想起は、過去の表象の回復であるのと少なくとも同じくらいに、コミュニケーション、自己提示、社会的影響の行為になる[34]」。

このように、治療場面において語られるクライエントの過去の記憶は、治療者に伝えたい内容であるから、治療者が変われば伝えられる物語も変わる。このことは、たとえばプレイセラピーにおいて、治療者が変われば子供の遊びの内容も変わるのと同様である。

しかしすべての記憶が社会的に構成されるわけではなく、固定的でほとんど変化しない過去の記憶という物語、誰に対しても何度も好んで語られる物語もあり、それがアイデンティティのよりどころになっているのだろう。

ここで、クライエントの語る過去を、そのまま症状の原因であるとする理論化に反省が促される。たしかに過去の出来事は原因のひとつであったかもしれないが、それは現在の状況が引き寄せた過去にすぎない。病状の悪いときほど攻撃的になり、現在の自分を受けとめられないあいだは、過去の親（あるいは治療者）の失敗という原因にしがみつかせる。

それに関連してユングは、神経症の原因は過去ではなく現在にあると述べた。

患者の幼児期のファンタジーの長たらしいリストは、私には十分な病因論的説明を与えない。というのは、そうしたファンタジーは、退行したリビドーによって、単に膨れ上がっているだけだということがわかっているからだ。退行したリビドーは、生が要求している新しい適応形態に自然な出口を見出せないでいる。

……しばしば患者自身が、自分の神経症の本当の原因が幼児期のファンタジーであるというふうに信じているという事実は、患者の確信が正しいということを意味しないし、また、その確信に基づいた理論が正しいということでもない(35)。

つまり、現在における適応の失敗が、幼児期のファンタジーを退行的に活性化するのであって、幼児期のファンタジーが原因で現在の神経症が生じているのではない。クライエントが病気の因果関係の物語をつくるときには、妄想的説明と同じように、意味の貧困化、ステレオタイプ化に陥っていることが多いのではないだろうか。治療が膠着状態にあるときに出会うのは、生への活力を生む豊かな物語よりも、むしろ悪しきステレオタイプ化に陥った物語の飽くことのない繰り返しであろう。病的状態がそのような物語を生み出すのであるが、その物語によって病気が固定化されたり、さらに悪化さえするという悪循環をもたらす。あるいは、病的状態を維持し正当化するために、その物語が利用されるといってもよい。

このような場合、物語の構造は不変のまま、登場人物のみが変わることが多い。たとえば「私がこうなったのは〜のせい」という構造はかわらず、「〜」の部分だけが変わるのである。

物語の構造は堅固であるため、構造を変えるにはとても大きなエネルギーが必要になり、「物語の構造を破壊してまで、自己について語り直すことは、容易なことではない」[36]。矢野によれば、自己変容には、物語の構造は変わらず内容だけが変容するものと、構造じたいが変容するものとがあり、後者は自己システム全体の変容であり、稀にしか起こらず、「回心」とよばれてきたものであるという。

また、自分を無傷な状態におくために、物語への嗜癖が生じている場合もある。厳しい現実から目を背けるために、自分の作った物語の世界に住みつづけようとするのである。そのなかには、過去の外傷体験という物語もあれば、未来の成功譚という物語もあるだろう。あるいは逆に、クライエントが自分自身をおとしめ傷つけるような物語を作り、その内容じたいが心的外傷となることもある。こうしたことを目の当たりにするにつけても、言葉が現実にもつ外傷的作用を感じずにはいられない。

それに関していえば、昨今は、ただ物語れば治療的であるという考えが流布しているきらいがあるが、物語にも人格変化への力を与えるものとそうでないものがあり、物語ればそれでよいというものではない。また、語らせないほうがよい物語もあるだろう。退行に良性のものと悪性のものがあるように、物語にも良性のものと悪性のものがあるのではないだろうか。

ヒルマンは、事例史は虚構であるとし、フロイトやそれ以後の分析家においてずっと用いられてきた事例というモデルを、語り（ナラティヴ）のスタイルとして検討した。

> 事例の問題と、事例において語られている問題とは、イメージ的で文学的な反省のテーマとなり、臨床的な語りかたは、そのなかのジャンルの一つにすぎなくなる。……治療の本質的な仕事の一つは、患者がはまってしまっている虚構を意識化して、より深く、より真正なスタイルで語り直すことによって、協力して物語を書き直したり、代作したりすることである。イメージ的な芸術がモデルとなるこの語り直された版においては、芸術にとってと同じように、患者の個人的な失敗と苦痛とが、物語にとって本質的になる。(37)

治療の成果は、自己の物語の変容として現れる。それは、部分的改訂の場合もあれば、構造の変容の場合もある。たとえば、うつ病からの回復の場合のように、状態の変化が自然に物語の変化を生むこともあるが、物語が変化するにはクライエントの認識や価値観が変化することが必要であろう。このような変化が生じるには、長くかかる治療的作業が必要であるが、治療者がただ傾聴しているだけでは困難ではないだろうか。傾聴のみでは、長期にわたる物語への嗜癖や、物語の悪性の展開を生むことがあるからである。

記憶の病理現象——さまざまな病理が生む記憶

記憶は、病理によって特徴的な現れかたをする。

ここではまず、クレペリンが行った記憶錯誤の研究について見てみよう。

クレペリンは記憶錯誤を、想起内容の部分的変造とみなしうる「想起変造」と、想起内容の完全な捏造である「想起新造」とに分類した。(38)(39) そして、その想起変造として次のような例をあげている。(40)

① 自信過剰で創造力の豊かな人に見られ、自己愛の産物と解釈される過去の体験の誇大修飾。虚実をとりまぜたほらふき男爵流の物語、自慢話、幼児の空想的な話、病的嘘言症など。

② うつ病患者に見られる罪責観念や、過去の経験を悲話として物語る傾向。
③ 精神分裂病など、被害・追跡妄想や誇大妄想をもつ患者にしばしば見られる過去の経験の修飾。たとえば、病気になる以前に自分に対する敵意を暗示するような出来事が多々あったとか、高位の人物に注目されていたなど、発症した後に物語る場合。

こうしてみると、作話・記憶錯誤・妄想の区別があいまいになるがそのとおりで、濱中によれば「作話」は、記憶錯誤・妄想と相互に重なり合う部分をもち、「社会的行為としての記憶の退行現象の一つ、物語り（叙述）の異常」である。[41] その例として、実際にはなかった楽しい面会や贈り物について作話する精神遅滞児などがある。

それでは次に、安永に従って分裂病患者の記憶の特徴をみてみよう。

素質、心因的状況に加えて、発病そのものによる悪条件負荷が、ストレスを増大させ、悪性記憶よみがえり（フラッシュバック）の機会をますます多くさせる。想起された過去への表象的距離は甚だとりにくく、「これは記憶である」という余裕を失って「生々しい現実迫力で主体をのみこもうとする」ため、記憶とそれへの意味づけという分離はなされがたい。分裂病の二つの類型によって、記憶想起の病理も二つに分けられる。まず「対象志向型」の場合、「記憶表象の擬現在化」のため、意味づけの歪曲が生じ、記憶像を材料とした「妄想知覚」になりうる。「自我志向型」の場合、過去の自我表象が「擬自極化」して「今」の私として癒合し、今の主観の過去投影による記憶像歪曲がわりこむ可能性が大きい。過去は、今の思いつきや願望によって自在に変造され、時間の流れに一貫性を欠いたり、時間的順序が逆転したりするという。[42] つまり、対象知覚においては過去の記憶が現在に侵入し、自己知覚においては現在の主観が過去に投影される。

また特異な記憶想起現象としては、分裂病のほかに、自閉症・境界例があげられる。

杉山は、自閉症児／者においては、現在の出来事に過去の出来事がしばしば重なりあって体験され、記憶表象に自己意識が占有される「タイムスリップ現象」が見られると述べた。[43]

その「タイムスリップ現象」には以下のような特徴がある。

① もともと優れた記憶能力を持つ、知的に比較的高い、しかし不安定な症例にしばしば見られる。つまり、恒常的な不適応や不安といった感情的な基盤が存在する。

② 現在の強い感情的な体験が引き金になり、過去の同様の体験が想起される。

③ その過去の体験をあたかも現在の、もしくはつい最近の体験であるかのように扱う。例えば数年前にいじめられたことを思い出して、直ちに仕返しに行ったり、約十年前の祖父の葬式のことを突

然思い出して、すぐ以前のことのように激しく泣くなど。
④ その記憶体験は、健常者において一般に想起することができない年齢のものまで含まれ、患者の言語開始前後の年齢まで溯ることがある。

このうち①と②は、一般的に見られる現象であるが、③と④は自閉症に特異な現象とみなしうる。そして③の原因については、「記憶や表象と現実の体験との混同」[44]、記憶内容が理解されず意味的時間的連関から離れて保持され、同様に意味的時間的連関から離れて想起されることがあげられ[45]、言語認知機能の障害に起因すると考えることもできる。また、言語による意味性による統合がなされず、想起されたときに心理的な距離をもつことが困難であり、記憶内容の歪曲がないなどの点で、「タイムスリップ現象」は、外傷記憶のフラッシュバックと類似している。自閉症者の回顧的報告が明らかにしたように、彼らの幼児期の体験世界は脅威に満ちているため、それが外傷体験になったとも推定できる[46]。

自閉症においては「認知表象による自己意識の占有」つまり「見たもの、聞いたものが、意識になだれ込み、それに占領されてしまった状態」が生じるが、このような「自己意識の形成不全」と「表象との心理的距離の欠如」が病理として考えられる[47]。この病理によって、現在の外的刺激ではなく、想起された過去の出来事のような内的表象であっても、その認知表象による自己意識の占有が生じ、過去によって現在が占有されてしまうのであろう。

次に、境界例をみてみよう。

鈴木茂によれば、境界例においても、現在の意識が過去のイメージ記憶によって占められてしまい、自力では容易にその状態から抜け出すことができない[48]。また成田は、境界例の精神病理の構造的・力動的特徴のひとつとして、「体験の融合性の過剰」をあげている[49]。それは、いまここでの体験が引き金になって、過去のいくつかの体験が重なり合って想起される現象であり、現在の体験に過去の体験が融合してしまい、それぞれを区別することが難しいことを指している。

境界例のイメージ記憶においては、現在の主として対人関係を巡る状況に呼応して、その状況を端的に象徴する過去の場面が、その象徴性を担って想起されてくるのであり、その意味性によって記憶内容に若干の変形がもたらされているが、自閉症の「タイムスリップ現象」においては、感情体験における共通性はあっても、そのような象徴性はみられないという相違がある[50]。

こうしてみてくるとわかるように、現在の状況が過去を想起させ、過去の記憶が現在と重なり合うこと、現在の心理状態がそれに応じた偏りをもって過去を想起させ、あるいは過去を歪曲、偽造することは、健康者においても同様であるが、病理現象においては、現在と過去の区別がしにくいこと、過去の記憶表象との距離がとりにくいことが特徴である。健康者においても、過去の思い出に意識が占有されることはあると思われるが、それを過去のこととして距離をとり、ある程度コントロールできることが違いだろう。

想起体験のなかでは、つねに現在に過去が重なり、過去に現在が投影されるのであり、純粋な過去と現在を切り離して取り出すことはできない。たとえば転移にみられるように、ある人との現在の関係において体験する感情には、過去のさまざまな記憶やイメージが重なっている。しかし、そのような過去と現在の重なりがなければ、断片的な「現在」しか存在しなくなり、逆に「現在」の意味が感じられなくなるのではないだろうか。

感情が意味を与える

意味の付与は何によって可能になるのだろうか。そのことを考えるためには、意味を感じとれないという障害に注目するのが有益であろう。

まず解離性障害について考えてみたい。――解離性障害は「過去の記憶、アイデンティティの自覚、直接的に感じられる感覚、身体運動のコントロール等の正常な統合が、一部または完全に失われた状態」〔ICD-10〕として定義される。

記憶の障害は、病的解離状態の最も顕著な側面だが、「感情の解離」がこれを基礎づけているという。[51]「実存の脅威を伴う深い感情経験が、麻痺や離脱のような解離された感情状態を引き起こし」、そのような解離過程によって、その時の感情反応が抑制されるだけでなく、外傷的経験に関わる苦痛な「感情」と「意味」を隔絶し続ける方法として、外傷に関連する記憶を想起できなくなる。つまり解離は外傷に対する防衛であり、「否定的感情を意識的経験から減じ、あるいは耐え難い感情を意識から隔離する」。そして、主として記憶と同一性の障害として記述される解離性同一性障害において、ある人格はある感情を代表して表現するというように、感情状態の分割が見られ、感情がさまざまな人格を発展させる中心原理になっているという。

またジャネによれば、「下意識固着観念は過去の経験を意味づけることの失敗から生じるので、有益な現在の機能を遂行せず、適応的価値に欠けている。解離はその後のストレスに対処する方法であり続けることがしばしばあり、そのために下意識の記憶は行動に影響し続ける。このように出来事を意識しないことによってストレスに反応する人々は、感情が制限され、同一の自我状態の内部で感情の全範囲を経験することができない」。「強い感情を支配することに失敗したため、ストレスに対する過度の無関連な反応をした。外傷的出来事へのこの最初の感情反応（激烈な感情）がその後の症状の原因であった[52]」。

このように、耐え難い感情を引き起こした過去の出来事の記憶は、感情の解離によって意識から切り離され、意味づけされることがない。

感情の全範囲を経験できないことは、意識をさらにせばめ、現実に対処する能力を低下させることによって、より重い症状をもたらす。その結果、新しい経験も統合できなくなる。

ハーマンは、そうした心的外傷からの回復には、外傷を想起し、そのストーリーを再構成することが不可欠であると述べている。「何度もくり返しているうちに外傷ストーリーを話してももはや強烈な感情がかきたてられなくなる瞬間が来る。それは生存者の体験の一部となったのである。それは体験の一部にすぎない。今や外傷物語は他の記憶と変わるところのない記憶となり、他の記憶が時とともに色あせていくように色あせていく[53]」。

つまり、物語ることで、感情を自分のものとして主体的に体験することが可能になる。そのことによって外傷的出来事は「意味」を与えられ、自己の一部として統合されるのである。

ところで、感情の言語表現の不能を意味するアレクシシミアにおいても、感情が意識化されず、「経験に意味を与える言語表示」から切り離されている。[54]

クリスタルはアレクシシミアについて以下のように述べている。——アレクシシミアでは、感情の障害、認知の障害、自己表象と対象表象の障害がみられる。自己表象と対象表象の障害とは、真に生きた内的対象表象からも、外的対象からも離脱していることである。

感情の障害では、感情を意識化、言語化できないだけでなく、強烈な情動が突然爆発したかと思うと止み、嗜癖の人では、あたかも別の人格に突然切り替わり、急速にもとに戻るかのように行動する傾向がある。そして圧倒的な情動体験が外傷となり、感情への恐怖と、感情を統合できない傾向が生じる。こうして乳幼児期に心的外傷があると感情の発達が阻まれ、心身症や嗜癖になりやすくなるという。[55]

このように、外傷体験によって、出来事に関連する感情を言葉にできないこと、感情状態の急激な交替が見られることは、解離性障害と共通している。

また、アレクシシミアにおける認知の特徴は、「機械的思考」とよばれ[56]、「内的態度、感情、願望や衝動と関連した思考」が欠如しており[57]、思考は取るに足りない日常生活の詳細から構成されている。[58]「機械的思考」にみられる、出来事をこと細かに語る強迫性は、感情との関係を失った思考の不毛性を示している。

成田によれば、強迫症者においては、自己の感情を、知性化・否認・分離・置き換えなどの防衛機制によってコントロールしようとすること、認識意識の緊張によってすべての事柄が等しく重要になり、世界が意味を失うため、瑣末な事柄を際限なく話すことが、特徴としてあげられる[59]。たとえば松本は、恋人とデートしても「こころから楽しいという感じ」が得られないために、デートが終わった後で会話の内容を逐一メモにとらずにおれない男子大学生の強迫行為の例をあげている。それは、出会いの実感という「全体を一挙に与えられないために、断片によって全体を構成し直さなければならない」のだという[60]。

さらに、感情の読みとりの障害、こころの理論の障害をもつとされる自閉症児においても、物事の全体的な意味や文脈の理解がわるく、意味的な認知よりも形的な認知が優先している。自身が自閉症であるドナ・ウィリアムズも、意味を理解できなかったために、意味ではなくパターンに対して反応する鋭敏な能力を身につけていったという[61]。

このように、感情を体験できないと、意味づけや価値づけができなくなると考えられる。

ユングによれば、感情は「自我と与えられた内容との間に生じるプロセス」であり、「その内容に対して、受容あるいは拒絶(好き嫌い)という意味で、明確な価値を与える」。したがって感情は、「その目的が、概念的関係の樹立ではなく、受容あるい拒絶といった主観的基準を作り上げることにある点で、知的判断とは異なる一種の判断である」。「思考が意識内容を概念のもとに組織化するのと同様に、感情は意識内容を価値に従って配列する」[62]。

ジェームズは、感情をはぎとられると「宇宙のどの部分が他の部分よりも重要であるということはなくなってしまうだろう。そして宇宙のあらゆる事物と出来事が、ことごとく、意味も、特質も、表現も、遠近法も失ってしまうだろう」と述べた[63]。またニーダムも、「自分の『本当の』生命と私たちが考えているものは実質的には自分の感情のことを言ったものである」という[64]。

したがって意味の喪失は、主体的・全体的な感情体験の喪失によって生じるといえる。それは外傷的な体験をすること、他者との感情的交流の世界に入れないこと、あるいはそこからの脱落によって引き起こされるのであろう。つまり、言葉や出来事や世界の意味を理解することは、感情を体験し表出し他者と共有することによって支えられているのである。

第二章　現実の遠近法

多元論的な現実の見方――心的現実と物的現実の二元論をこえて

クライエントの話した内容に対して、それは客観的事実なのか心的現実なのか、という二分法で考えられることが多い。だが、自己と無関係に生じる物理的事象は別として、自己の生きる世界と関係して生じていると感じられる出来事を、外的事実と心的現実に分けることは、はたして可能なのだろうか。

フロイトは、大人からの性的誘惑が心的外傷をもたらし、ヒステリーその他の神経症の原因になると考えた。これは性的誘惑理論とよばれるが、フロイトは一八九七年のフリースへの手紙で、その誘惑理論を棄却した。近年、子供時代の性的虐待の報告が増えるにつれて、フロイトの誘惑理論への関心が復活し、なぜフロイトは誘惑理論を捨てたのかという動機が問題にされており、フロイトが性的虐待を「事実」ではなく「ファンタジー」であるとしたことに対して批判がなされている。

一八九七年のフリースへの手紙のなかで、フロイトは性的誘惑理論を捨てた理由として以下の四つをあげている。(1)

① 分析の真の終結がなかった。分析に最もこころを引きつけられていたようにみえた患者が途中で治療をやめた。完全な成功がなく、部分的成功は他の方法で説明できるようにみえた。

② すべてのケースにおいて、父親が倒錯者として責められねばならなかった。子供への倒錯行為がそのように広範になされているとは考えにくい。

③ 患者の情動負荷された虚構と事実を区別することはできない。

④ 精神病者の最も混乱した錯乱状態においてさえ、無意識の記憶は意識に上らず、子供時代の経験の秘密が明かされることはない。無意識は意識の抵抗を克服しないのならば、意識のコントロールのより強い患者の治療で、このようなことが起こるとは考えにくい。

神経症の原因は子供時代に受けた性的誘惑にあると主張していたフロイトは、ヒステリー患者が回想する性的外傷体験がしばしば事実でないことに気づいて、学問的危機に陥った。それは後年の以下の記述に表れている。

この病因論が、それ自体ありそうもないことと、確証されるべき状況に対する反論のために崩れ落ちた時、その結果として、まったく途方に暮れた時期があった。分析は正しい方法で、このような幼児の性的外傷にまで導いてくれたが、これは真実ではなかった。つまり、現実という基盤が失われてしまったのである。……ただ自分の予想が裏切られたというだけで意気阻喪してしまうのは当を得ていないのではないか、この予想を検討しなおさなくてはならないだろうと、ついに私は思いいたった。ヒステリー患者たちが症状の原因として外傷を作りあげるのなら、彼女たちがそのような光景を空想するということはまさに新しい事実であって、その心的現実は、実際の現実と並んで評価されることを必要としている。(2)

このようにフロイトは、「心的現実」という概念を提出することで、この危機を乗り越えようとした。現実という言葉をつけたのは、それによって彼の神経症の原因論がより信用されると考えたからだと推測されている。(3)

フロイトは『科学的心理学草稿』で「思考現実」と「外的現実」を対置させ、(4)『夢判断』において「思考現実」という語を「心的現実」に変えた。そして、「無意識は本来、現実の心的なものである。その内的性質によって、外界の現実と同じくらい、我々にとって未知である。外界が感覚器官の指示によって示されるのと同じくらい不完全に、意識のデータによって我々に示される」と述べている。(5)

さらに『トーテムとタブー』では「心的現実」を「事実現実」と対置させ、「神経症者の罪悪感の根底にあるのは、ただ心的現実だけであって、事実現実ではない。神経症者を特徴づけるのは、彼らが事実現実よりも心的現実を重視し、正常な人々が現実に反応するのとまさに同じくらい真剣に思考に反応することである」と述べた。(6)

一九一四年の『夢判断』の改訂版の際に、フロイトは「外的現実」という語を「事実現実」に変え、一九一九年の改訂版ではさらに「物的現実」に変えた。そのため最終的な文章は、「心的現実は、物的現実と混同すべきでない特別な存在様式である」となっている。

また心的現実への重視は、以下の文章にも表れている。

心的な産物も一種の現実をもっている。患者がこのような空想を生み出したことは、事実である。そしてこの事実は、患者の神経症にとっては、これらの空想の内容を実際に体験した場合とほとんど同じ意味をもつ。この空想は「物的な」現実ではなく、「心的な」現実をもっている。「神経症の世界においては、心的現実が決定的な現実である」ということを、我々はしだいに理解するようになる。(7)

そして、ファンタジーと現実を対等視し、子供時代の経験がそのどちらであるかを気にかけないことが、心的産物に対する唯一の正しい態度であると述べている。

一方、アーロウは現実あるいは心的現実の概念について次のように述べている。

われわれが、現実だったと思うもの、または現実に起こったと思うものは、ファンタジーが現実の知覚と組み合わさり、あるいは混ざり合ったものである。記憶と知覚がファンタジー思考と一致した素材を提供する時、データは選択的に知覚されている。その記憶は、無意識的ファンタジーの媒体として役立つため、選択的に想起され用いられる。自我がその素材に加えた防衛的歪曲を元どおりにすることができれば、現実に起こったことの核心はファンタジーの中にあることがわかる。それは、外部者によって観察され、合意によって確証されうるような客観的現実ではない。……

……外的知覚と内的ファンタジーは経験の時点で混ざり合っており、ともに現実を作った。それが患者にとっては過去の記録であった。……心的現実は、真の事実、実際の出来事とみなされたファンタジーではなく、事実とファンタジーの混ざり合った心的出来事の「真の」回想である。(8)

彼は、「無意識のファンタジーの持続的影響が心的構えをつくり、それによって知覚データが、知覚され、登録され、解釈され、想起され、反応される」、「この複雑な混ざり合いが、個人に関する限り『現実に』起こったことなのである」と述べながらも、「現実」という言葉は外的・物理的事象にのみ用いるべきであり、このような現象に心的「現実」という語を用いると混乱をまねくため、「心的現実」という用語を廃止することを提案した。

もう一人、シャーファーは、分析的作業において、患者の「心的現実」を尊重し、分析家の見る

「現実」を押しつけないこと、しかしその一方で心的現実と外的現実とを照合すること、つまり内部からの見方と外部からの見かたのあいだを行き来することが重要であると述べている。(9)「分析家は聴く焦点を、分析状況の心的現実から、そこで『実際に』起こっていることへと移行させ、そして再び心的現実へと戻る。この移行または振動がなければ、分析的作業はバランスの悪いものになる」という。

彼は、現実という観念を広げるとき、単なる客観性の基準ではうまくいかないとも述べている。それは現実という観念について、合理的な人々のあいだでも意見が異なり、誰がより客観的であるとはいえないからであるという。ここでシャーファーは、「現実の見かた」が問題であるとし、「見かた」という語は部分的に、主観性、つまり想像行為と信条に基づく判断を含意する。それらは、いかに啓発的で複雑であっても、必ず現実を特定の角度から見て他の角度から見ないことを意味する。見かたが、事実とその相互関係と意味の決定に影響するので、見かたの衝突は単に『証拠』に訴えても解決されない」という。

シャーファーによれば、「分析家は、何が現実または実際であるかについて、常に多元論的見方を用いる。分析における出来事は、他のすべての出来事と同様にその解釈においてしか利用できない。重要な事実をそのすべての側面において述べる解釈などない」という。

またワラースタインは、このシャーファーの考えを拡大して、いくつかの解釈が慣習化され合意によって確証されているために、何が現実であるかの基準として分析家によって日常的に用いられていても、それは相対的で実用的な判断にすぎないと述べている。[10]「何が現実であり実際であるかの知覚には、枠組みや世界観がしみこんでいる。それらの中で、記述された自然現象が意味を帯びる。それはちょうど、逆にファンタジーの内的生活が常に外部からの選択的作用に影響されているのと同様である」。

彼によれば、正しい分析的対話は、内部からの観点と外部からの観点との対位法ではなく、「多数の視点、多数の見方の相互作用である。それぞれが、それ自体の物語をもち、衝動に指令されたファンタジーが、適切に選択された環境の刺激や変化と相互作用しながら、付加され融合している。それらの視点のすべてをバランスよく考察することによって、自伝の完全な再記述がなされる。それが完成された分析とよばれる」という。

ワラースタインは、「心的現実」という用語を廃止しようとするアーロウの見解に反論して、心的現実という言葉に「現実」という語がついていることには、次の二点において意味があるという。第一に「結果をともなう心的出来事としてのファンタジーはそれゆえに現実の存在であるという意味において、われわれが扱っているのは現実のファンタジーであること」、第二に「外的出来事または現実の出来事の世界からの選択的支持的知覚が心的出来事に挿入されること」である。心的現実が外部の出来事から選択的影響を受けているのと同様に、「外的現実は、選択的視点、枠組み、理論、世界観に真に影響されている。われわれはそれらによって外的現実を理解する、あるいはむしろ構成する」。つまり、外的現実に影響されない心的現実がないのと同様に、心的現実に影響されない純粋な外的現実などないという。

このように、精神分析学における「心的現実」についての議論は、あらゆる外的出来事は心的枠組を通して解釈され体験されるという認知心理学における研究と、同じ結論を導き出している。意味づけが、私たちの体験世界を構成する。それは、出来事と同時的に、あるいは事後的になされる。いずれにせよ、意味のないところに体験はありえず、雑多な事象が混沌として生起するのみである。そして体験することを剝奪された出来事は、意味ある記憶として想起されることもない。

また、たとえばクライエントがある人について描写しているときに、どこまでが内界のイメージの投影であり、どこからが外的事実なのかを、区別することはできないだろう。

治療においては、心的現実か外的現実かという二元論ではなく、さまざまな現実の見方、解釈に対して開かれていることが必要である。

空想と現実のかさなり

フロイトは「幸福な人は決して空想しない、空想するのは満たされていない人だけだ、と言っていいだろう。満たされない願望が空想の原動力であって、どんな空想も願望充足なのであり、満足できない現実を修正するものである」と述べた[11]。はたして、幸福な人は空想しないのだろうか。

空想は非現実的だと一般に考えられている。空想癖のある人に対しては、もっと現実感覚を身につけるようにと忠告され、空想は低く評価されている。空想と現実はこのように対立するものなのだろうか。実際には、空想にも現実的なものと非現実的なものがあると思われる。たとえば未来の自分の姿を空想し、その夢によって現実の苦しみに耐える場合のように、空想が現実を生きる力を与えることがある。逆に、空想の世界にひたることが、現実からの逃避になっていることもあるだろう。

ライクロフトは、「空想」と「現実」、また、快感原則に従って幻覚的な願望充足を求める「一次過程」と現実原則によって支配される「二次過程」を、対立関係にあるものとみなしていない。

赤ん坊は、一次過程の影響下にあり、それゆえ真の体験も主観的には幻覚の一種であるという状態の下で、真の満足が得られたわけです。こうした幻覚と現実の重なり合い、すなわち幻想と現実が一致するという体験がくり返されるとその人は外界現実とよい関係を築きあげるようになり、外界の否認とか、外界への憎しみとか、不信とか、幻滅とか、外界からの逃避とかいったものに陥ることがないのです。[12]

さらにライクロフトは次のように述べている。

一次過程と二次過程の乖離がおこっていないあいだは、「幻想は外界現実（対象）と離れることがなく、外界現実をよりふくらませ、人間関係のうち、想像により練りあげられた部分を理解し味わえるようにする」が、逆に、一次過程と二次過程との乖離がおこってしまうと、「幻想は外界現実（対象）から離れてしまい、対象との関係を情緒的に味わうということは困難になり、その人は情緒的精神活動は自分には無縁だと感じるようになる」。精神疾患において、一次過程がきわめて混沌とした奇怪な姿を現してくるのは、外界現実と幻想を切り離してしまったからである。また、神経症者の幻想の中身が幼いままであるのも、幻想と外界対象とが切り離され、体験することから疎外されたために、幻想が成熟しなかったからである。つまり、赤ん坊の期待が充足されているかぎり、幻想は外界の対象と結びついているが、期待が満たされないと、精神の乖離がおこり、想像の能力が外界現実から切り離されて、別の精神の領域で作動するようになる。その領域では、イメージが外界対象を象徴することをやめて、外界対象にとってかわるようになる。したがって、精神分析治療の目標は、無意識の意識化や自我の強化ではなく、乖離してしまった種々の精神機能を互いに結びあわせることであるという。

ライクロフトは遊びについても、理論的に対立しがちないくつかの機能を同時に遂行するものであるとして、以下のように述べている。[13]

① 主体は空想を表現すると同時に、外的世界にも適応している。

② 主体の個人的かつ私的な想像（空想）が、共同活動にも与かっている。

そして、成人の精神分析も、臨床状況が普段の生活から切り離されている点では遊びに似た要素があるという。

したがって、情緒的関係においては、空想は現実の認識や現実感覚の発展に役立つのであり、現実と対立するものではない。むしろ現実感を強化するためには、空想と現実が一致するという体験が必要なのである。また、空想は他者に向かって表現され共有されることにより、現実の体験となり、現実感の強化に役立つといえる。一方、現実と一致しないために、外界対象から切り離された空想が、他者と共有されないまま肥大すると、病理的とよばれる事態になる。このとき、「空想するのは満たされていない人だけだ」というフロイトの言葉があてはまるだろう。あるいはもっと厳密にいえば、空想の世界だけに住まうのは、満たされていない人だけだということになろう。

ところでユングも、「魂は日々現実性を作り出す。この活動はファンタジーという表現でしか名づけることができない」と述べている。[14]

またヒルマンによれば、ファンタジーは「ただ精神的で主観的なだけのものではけっしてなくて、常に演じられて、体現されているものでもある」。「いかなる物理的あるいは字義的に『現実的』なものも、必ず同時にファンタジーによって作られたイメージである。このようなわけで、いわゆる厳然たる事実から成る現実の世界も、常にそれに特有のしかたで形成されたファンタジーのディスプレイなのである[15]」。

したがって、ファンタジーが私たちの体験に現実感を与えるのだといえよう。私たちは単なる事物の世界ではなく、それに与えられたイメージの世界に生きているのであり、そのように想像する力が、体験の平板化、無機質化から人を救ってくれるのである。

しかし、幻想が現実と一致することは、「あるていど」でなければならない。もしすべての幻想的期待が現実にかなえられるならば、私たちはかえって現実感を失ってしまうだろう。幻想を「あるていど」はかなえられるが残りの部分はけっしてかなえられない、という満たされない経験こそが、現実感を与え、不完全な現実を受け入れることを可能にするのではないだろうか。

現実感を失うとき

私たちは、どのようなときに現実感を失うのだろうか。

現実感を失った状態が恒常化する離人症についてとりあげることで、この問題を考えてみたい。

安永によれば、非現実感は次の五つに分けられる。(16)

① 非日常感――日常性の喪失。なじみの感じが失われた状態。全く未経験の状況に投げ込まれた場合や、意識の過緊張、衰弱する意識の無理な励起により生じる。日常性は、内容の質だけでなく、それが「中間強度」にあること、「馴染の図式の、網の目のように連鎖した『全体性』」に依存している。

② 無意味感――意味の喪失。ここでいう意味とは、主体が対象に附する価値である。

③ 離人症――感覚実感の喪失。

④「自明性」の喪失(ブランケンブルク)。

⑤ 一貫性の喪失(ビンスワンガー)。

ここで④と⑤は分裂病に特有のものと考えられる。

解離性障害のなかに分類される離人症の典型的なものにおいては、自我意識面・身体意識面・外界意識面という三つの領域における現実感がすべて失われる。

離人症は、患者にとって現実の存在が耐えがたいために、現実の世界に対する志向を根本的に中止して非現実を体験するという自我防衛機制とみなされる。木村敏は「自己はみずからの存在を拒否するために世界への能動的関与の努力を停止し、その結果世界の抵抗感が失われて世界の非実在を招く」といった世界否認機制があるという。[17] 世界の現実性とは「われわれ自身の生への意志の反映」だからである。

離人症の原因としては以下の四つの因子があげられる。「固執的自己観察傾向」、「能動性感情」の障害、「身体感覚感」の変容、「夢のようにぼんやりした状態」である。[18] 木村敏は、離人体験は、意識の志向作用が何らかの反対傾向（多くの場合、自己観察傾向）に妨げられて志向対象に没頭できず、その結果非真正な体験内容を生み、ますます自己観察傾向が強まる事態として解釈されるとも述べている。[19]

外界の疎隔と自我の喪失感は本質的に同一であり、両者の共通点は、自我の孤立化、自我と外界との交わりの困難、自我の世界からの隔絶にあるといわれる。[20][21] また離人症は「強迫観念と深い関係を有し、その構造も或る程度迄類似して居る症状」と考えられ、離人症の根底に「生活への能動性の減退」があるとみなされる。[22] そして離人症者が病識を失うとしばしば妄想的観念に移行しうること、急性に発症するときには世界没落体験と区別しがたいことがあると指摘され、分裂病と離人症の近縁性が注目されている。

神経症性離人症の成立機制について木村定は次のように述べている。[23]

早期生活史においては、愛情過多や愛情不満等が多くみられ、その結果愛情評価の能力が著しく歪められている。又その生活史的発展として、対人関係における特有の易感性・独占欲・強い権力欲・自己主張等の性格特徴が著明である。……従ってこの事実は将来の愛情不満によりつよい情緒的混乱が招来される可能性を示している。本症の出現に先立って、心理的力の消耗を来す様な内的緊張が一定期間持続しており、かかる状況下において、愛情遮断や愛情への重大な脅威や、或いは権力欲やそのあらわれとしての自己拡張の傾向の中断が生じると、之が契機となって急激に心的緊張が低下し二次的行動が減退し離人症状が現れる。

このように、発病に先立って、緊張が一定期間持続した後、愛情や権力における挫折体験がみられる。

小川によれば、分裂病者において失われる現実は、生物本来の存在に係わる現実と、共感的社会的感情に係わる「心的しきたり」としての現実とに区別され、離人症は後者の意味での現実との接触喪失として、分裂病心性に属するものと考えられる。[24] そして「離人症において失われると感じられる感情は、主として喜怒哀楽の如き共感的社会的感情に係るもの」であり、よくみられる体感異常についても、身体的諸感覚や本来の食欲、性欲じたいではなく、それらに深くからまっている加工された部分、つまり「人間関係において形成されて行く社会的心性」であるという。

木村敏は離人症者に共通の性格特徴として、内向的・勝気・非依存的な自力主義をあげ、過度の自己観察傾向も内向的自力主義の一つの現れにすぎないという。[25] 木村敏の記述している離人症の女性は、十一歳のころ、たとえようのない苦しい気持を誰にも打ち明けることなく、自分自身の力だけで克服することに成功したという。また、典型的離人症者には「知的水準が高く、抽象的思考に長じ、文学的・芸術的感覚を有しており、特定のかなり明白に意識された理想的自己像を有している反面、この理想像と自己の現実の姿とのギャップに悩み、かなり意欲的・活動的に自己の向上を試みてきたというタイプ」が多い。[26] 離人症者は絶えず「自己観察強迫」に悩まされているので、強迫症状は最も離人症に近縁の症状である。[27] また逆に、強迫行為の背後には離人体験があり、行為に実感が伴わず疎隔感があるために強迫行為に駆り立てられるという考えもある。[28]

離人症者においては、「内的生活の比較的あるいは絶対的優位を伴うところの現実離脱」として定義される「自閉」〔ブロイラー〕、自閉と類似の概念であり、現実との矛盾にかかわりなく感情や欲求をもとに展開される思考形式をさす「非現実思考」〔ブロイラー〕、「現実との生命的接触の喪失」〔ミンコフスキー〕がみられる。

離人症者に特徴的なのは、リビドーを外界から撤収し、思考の万能感のなかで生きていることであろう。自我理想と同一化して完全であろうとする自己愛的構造体がみられる。自分は「特別」であり「選ばれた者」であるという意識が強いのではないだろうか。また、観念が優位であるため、なまの現実に直接触れられない。知的能力が高く、抽象的思考や論理的思考に長じている人は、このような防衛をとりやすいだろう。この点においても、強迫症者との類似が顕著である。

生来の内向性とともに、他者への失望体験があったため、離人症者は、自己について他者に物語ることをどこかの時点でやめてしまった。他者の反応によって修正される機会のない自己完結的な思考のなかで、理想的自己像や一般的人間像をもつようになるが、それらの像は社会の現実からは隔たったものであるため、社会生活において観念とのズレから疎隔感・違和感に悩まされるようになる。思考で対処できない出来事は、解離性健忘に追いやられるか、コントロール不能な反復的侵入的イメージとなって何度も現れる。

離人症者は、解離された出来事に無意識のうちに支配されたり、内面世界に没頭しているため、「心ここにあらず」という感じで社会生活を送っている。離人症者の思考は、目覚めながらみられる夢のようなものであるため、それが圧倒的な現実感をもち、外界の現実感が失われる。離人症者に特徴的なのは、観念の過剰であり、観念だけが現実的なのである。

離人症者はよく「体験するということができない」というが、それは、外界に向かう意識の狭窄によって、体験の意味づけができないためと考えられる。体験を位置づけるための他者と共有された座標軸がないのである。

ヘラクレイトスは、「『目覚めている者たちには共通の一つの世界がある』が、眠っている者たちは、それぞれが『自分だけの』世界へ帰っていく」といった。またフーコーは、「現実の世界において異邦人である人は、『私秘的な世界』に送り込まれ、ここではもはやいかなる客観性も保証されない。そして現実の世界の拘束に服している人間は、自分が逃げ込んだこの宇宙を、一つの運命のように感じる」という。[29] このように「自分だけの世界」、「私秘的な世界」に生きている人は、人々と共通の世界における現実感を失ってしまうのである。

しかし、みずからが作り出した世界に生きることは、その世界での圧倒的な現実感を得ることを可能にする。離人症者は、日常の社会生活において実感がないと言うが、逆に自らの世界への没頭・陶酔傾向は顕著であり、実感として感じるために必要な感覚強度は、むしろふつう以上に大きいといえる。たとえば自分が書いた小説や描いた絵のなかで、あるいは科学的思考のなかで、強く鮮明な感覚を得られていることが多いのである。このように強い現実感を、私たちが多忙な日常生活のなかで恒常的に得ることは難しいであろう。

広沢は、離人状態における実感の欠如の基底には、「祭りのさなか」を意味する「イントラ・フェストゥム」[30]的にしか実感を感じられない、という事態があると指摘している。[31]「祭りのさなか」は、まれにしか得られない感覚であるが、離人症者はそれこそが実感であると感じて、その欠如に苦悩しているのかもしれない。

また、離人症者にとって、時間の流れは断続的であり、過去と現在の重なりや連続性がない。上述の離人症の女性は次のように述べたという。[32]

テレビや映画を見ていると、本当に妙なことになる。こまぎれの場面場面はちゃんと見えているのに、全体の筋がまるでわからない。場面から場面へぴょんぴょん飛んでしまって、そのつながりというものが全然ない。時間の流れもひどくおかしい。時間がばらばらになってしまって、ちっとも先へ進んでいかない。てんでばらばらでつながりのない無数の今が、今、今、今、今、と無茶苦茶に出てくるだけで、何の規則もまとまりもない。私の自分というものも時間といっしょで、瞬間ごとに違った自分が、何の規則もなくてんでばらばらに出ては消えてしまうだけで、今の自分と前の自分との間に何のつながりもない。一瞬間ごとに別の自分の屑みたいなものが出て来て、それが無数にうず高く積み重なって行くので、ずっと以前にあった本当の自分がだんだん遠くなり、見えなくなってしまう。

空間の見え方も、とてもおかしい。奥行きとか、遠さ、近さとかがなくなって、何もかも一つの平面に並んでいるみたい。高い木を見てもちっとも高いと思わない。鉄のものを見ても重そうな感じがしないし、紙きれを見ても軽そうだと思わない。とにかく、何を見ても、それがちゃんとそこにあるのだということがわからない。色や形が眼に入ってくるだけで、ある、という感じがちっともしない。

この女性は「感情というものがいっさいなくなってしまった」とも語っている。感情は、他者との交流によってダイナミックに変転していく。時間や空間に質的な色づけを与えるのは、このように生きた感情である。したがって、時間と空間の感じかたの障害は、世界との断絶によって生じると考えられる。内面が静止・固定化されて動きが生じなくなった人にとって、世界は断片的な静止画像としてしか現れ得ず、時間的つながりを感じにくいと思われる。また、解離性健忘による記憶の断続的欠落が、このような時間の不連続感を生み出しているとも考えられる。

一瞬一瞬に生じている出来事の意味を理解することが難しいのだから、時間の流れのなかで出来事の変化を見てとることは、いっそう困難である。そのため、未来への予想を立てにくく、過去とのつながりを感じにくく、いま、ある瞬間に突然、出来事が降ってくるように感じられるのである。

真木によれば「感情的記憶の奇蹟」は、「現在の瞬間を他のいくつもの瞬間とかさね合わせることで、厚みのある持続の感覚を現出する」[33]。すなわち、感情を伴う想起が、失ったはずの過去を現在に甦らせ、時間の、そして自己の、連続性を感じさせてくれるのである。

夢のような現実と、現実のような夢

私たちは、現実を夢のように感じたり、夢をあまりにも現実的に感じたりする。それはなぜだろうか。また、夢は深層心理学において無意識からのメッセージとして非常に重視されているが、夢の意味は夢そのものに内在しているのだろうか。

井筒は、人間の意識は全体的にイマージュ生産的であり、深層意識のみならず表層意識もイマージュに満ちているという[34]。ただし深層意識のイマージュは「経験的世界の具体的事実から遊離して働く」のに対して、表層意識のイマージュは「経験的事物に密着した即物性」を特徴とする。深層意識のイマージュが「妄想とか幻想とかされるのは、それが日常的意識現象の一部として、表層意識の立場から見られるからであって、それらの本来属する場所においては決して妄想でもなければ幻想でもない。かえってそれらこそ真の意味での現実であり、存在真相の自己顕現なのである」。「我々が常識的に現実とか世界とか呼んでいるものは、表層意識の見る世界であって、それが世界の唯一の現れ方ではない。深層意識にはそれ独特の、まったく別の見方がある」という。つまり、意識の層によって異なる現実がある。

柄谷はカイヨワの『夢について』から以下の文章を引用している。[35]

夢の世界とは、一般の考えとは反対に、ぼんやりしたものでも、混沌としたものでもない。夢の世界は苛酷で、はっきりと際立っている。夢の世界と現実の世界を区別しなければならないとすれば、わたしは、夢の世界は、わずかではあるが、現実の世界よりもずっと強烈であるようにみえる、とさえいうだろう。

続けて柄谷は次のように述べている。

一般にわれわれのいう夢は、外側からみた夢すなわち記憶としての夢にほかならないので、「夢の世界」そのものとは縁もゆかりもないといわねばならない。同じことが、狂気や未開の思考についていえないだろうか。狂人は苛酷なほど明瞭な観念に苦しんでおり、けっして非現実的な空想に耽っているのではない。彼は「現実の世界」よりずっと強烈にリアルな世界にすんでいて、その世界の軛からのがれることもできないのだ。外側からみれば幻聴だとしても、当人にとってはどんな現実の声よりも明瞭で強迫的である。……病者においては、その声に対する「距離」をもつことができない。その声は圧倒的な実在であって、彼はあまりにリアルな世界に生きるほかないのである。……

……ぼんやりしている、あるいは苛酷なほど明瞭である、こういった夢の両義性は、実はわれわれがその内側で生きているような夢と、めざめたあとで、それを想起し構成した夢とのちがいからきている。この両義性は、日常的によくいわれる「夢のようだ」という表現を考えてみるだけでも明らかとなる。

「現実の体験にそれにふさわしい切実感が欠けていること」を「夢のようだ」という場合、この「夢」は「記憶としての夢すなわち外からみた夢」を指している。それは「現在の一瞬一瞬に生きている感じがしなくて、いつもその外に立っている」ことを意味している。これは「夢の世界」の特徴ではなくて、「生の直接性から疎外されそれを外側からみているという形態の特徴」にすぎない。逆に、われわれは「現実があまりに鮮明で強烈である」とき、「夢のように」感じる。「現実感の過剰と欠如という両極は一致するのであって、われわれが『夢のようだ』とよぶのはそのような状態にほかならない」。

……われわれは夢を見るという。……見るとは「距離」をおくことだが、距離がないということが「夢の世界」の特徴なのである。しかし、われわれは眼ざめたとたん距離をおいて「夢の世界」を見る、つまり外側からそれを見る。重要なことは、この見るというあり方が生きるというあり方とはまったく異なっていることである。

……たとえば夢のなかで、かりにわれわれが樹木を見ているようにみえても、事実はそうではない。樹木は見られるべき対象として存在するのではなく、ただ圧倒的にそこに存在する。なぜ樹木がそこにあるかは問題ではなく、またそれを見ないですますこともできないというふうに絶対的に現前している。……

しかし、夢を想起するとき、われわれは「経験」を「前後関係や因果関係にまとめてしまう」。夢の記憶とは「われわれが眼ざめたときに作りあげる一つの物語であって、『夢の世界』そのものではない。夢が不可解に思われるのは、われわれがそれを『なぜ』『いかに』『いつ』といった統語法のなかに整序しようとするからである」。

……このような物語化は不可避的である。そして、重要なのは、夢のなかの経験だけでなく、現実の経験もまたそのようなシンタクスの中で整序されているということだ。現実とはすでに記憶である。……実際の経験なるものも一つの構成にほかならず、われわれは一日、一年、一生という物語を作りあげるのである。われわれは自分自身に関する物語をたえまなく作り、それを「自己」とよんでいるにすぎない。もしそのような物語化を排除しようとすれば、われわれの現実は「夢の世界」に近接する。むろんそれは夢そのものでもなければ、現実そのものでもない。なぜなら、ひとたびわれわれが「経験」として意識するとき、それはすでに言語化されたものであり、そのものではないからである。われわれが事実とよんでいるものは、一つの表現形式にほかならない。

すなわち、われわれが夢と呼んでいるのは「事後の観察」である。「われわれの記憶は物語のかたちをとり、たとえば夢とは想起される瞬間につくられる物語である。しかも重要なことは、この物語化がそれ自身の力をもっていて、われわれに不本意な嘘をつかせるということである」。物語化とは「ものの運動の中に整合性、合目的性をもちこむこと」であり、これは「われわれの日常的な思考そのものの中にある性質である」。

このように柄谷は、見られている最中の夢と、後で記憶として構成された夢とを区別している。

夢は、深層意識の現実の圧倒的顕現であるのに対して、夢の記憶には表層意識から見た因果関係、時間的関係などの統語法が入り込んでいる。

このことは、急性期の分裂病体験が言葉にならない「恐怖そのもの」の体験であるのに対して、その後に語られた妄想は因果律によるまとまりをもつことに対応していると思われる。[36]

①夢をみること、②夢の内容を想起して記録すること、③それを誰かに語ること、は三つの異なる作業である。

夢を見ている最中には、深層意識のイメージが圧倒的に顕現し、人はただ受動的にそれらのイメージを見せられる。たとえ身体感覚を伴っても、意味的了解は少なく、意識的に思い出そうとしないかぎり、たいていはそのまま忘れ去られる。これを記憶に留めるには、日常意識から見た意味的構成が必要である。

したがって、夢そのものに意味が内在するのではなく、あくまでも覚醒した意識によって意味が与えられると考えられる。夢にはたしかに無意識的な素材が豊かに含まれているかもしれないが、日常の意識がそれらの断片を物語としてまとめるのである。このとき意識によって、見たくない部分を削除したり、事後的解釈にそって、強調したい部分をいっそう鮮明にするなどの操作がなされうる。

ある離人症者は、日常生活において意味理解ができないために、出来事を体験できず記憶に残らなかったが、事後的に言葉で記録することによって初めて、おぼろげに意味がわかるようになった。その人にとっては、現実の出来事は夢と同様に、記録することで初めて意味づけが可能になった。また、広沢が報告している離人症の男性も、「ひなたの世界」つまり現実世界から退いて、「ひかげの世界」つまり自分だけの世界に入り、その中で文章を書くことによってのみ考えることができ、絵を描くことによってのみ実感を得ることができたという。[37] 離人症の場合には、現実との距離が遠すぎるために、事柄がバラバラにしか存在せず、文章や絵にすることによって初めて、まとまりをもったものとして意識に統合され、実感をともなった体験が可能になると考えられる。

ところで、深層意識の内容が表層意識による検閲を経ずに日常世界に突出したら、それは分裂病とよばれるだろう。夢は正常者の体験する狂気であり、狂気は現実と化してしまった夢だからである。[38] ユングは、夢を見ている人を、あたかも目覚めているかのように歩きまわらせたり行動させてみれば、早発性痴呆つまり分裂病の臨床像を見ることになる、と述べている。[39] 夢のなかでは、隠喩が字義通りの具体的イメージとなって現れたり、置き換えや圧縮が生じるが、分裂病患者では目覚めているときにこのような思考がみられるのである。そのため、分裂病患者は、隠喩を使用することができず、ことわざを字義どおりにしか理解できない。[40]

このように、深層意識の内容を対象化し距離をおくことができないのが分裂病の特徴である。武野によれば、分裂病患者は「元型を他者としては見ず、自身をそれと同一化してわがものにしてしまう」[41]。隠喩を用いられないのも、このような対象化の不能から生じると考えられる。たとえば「私は神である」は、「私にはあたかも神のようなところがある」という比喩的意味ではなく、字義どおりの神への同一化を表す。あるいはそれは、「私は神のようになりたい」という強い願望の現れかもしれない。

このような妄想には、願望充足的機能があると思われる。その願望を、自己のなかにあるものとして認めるかわりに、願望の対象と完全に同一化してしまうのである。この点で、多重人格における副人格への交代と共通の機制が認められるのではないだろうか。多重人格においても、ある人格状態を自己の一部として認識し受け入れるのではなく、完全にそれと同一化してしまうからである。

したがって治療においては、対象化させることが重要になる。実際に寡症状性分裂病・初期分裂病の治療では、患者の異常体験を対象化し距離をとらせるような精神療法が行われている[42]。

言葉を与える作業によって、言葉以前の体験は意味あるものとして自己の一部に組み入れられる。夢の記録もそうであるし、たとえば森田療法における日記指導など、心理療法において書記的方法が有効な所以である。また、絵画や造形作品は、言語的文法の統制を受けない分、深層のイメージをより直接的に表現しやすいが、武野によれば「自らの心的状況を絵に描くことによって、今まで理解しがたく手のほどこしようのなかった内的混乱が視覚化され客観化されるようになる。すなわち安全で適切な距離をもって無意識内容を意識化し、また分析し解釈することが可能となる」[43]。

このように、言語化や造形表現は、混沌に言葉や形を与えることで、自己の状態を明確化し整理するのに役立つと同時に、感情に作用して感情の変容をもたらす。さらに、それらを他者に伝え示すことによって、感情の再体験が可能になる。

他者に伝え示すことは、他者からの反応という内省のための鏡を得ることを可能にする。他者の反応は、自己の内にかすかにしか感じとられていなかったものを増幅し、新たな自己への気づきを促し得る。他者が体験を共有してくれることは、自己の感じかたが世界に居場所を見出すことであり、世界との親しさを得るのに役立つ。このように、対象化したものを他者と共有することは治療に有効であるが、逆に一人でなされる過剰な内省は、自閉的意味世界を構築し、人を共通の意味世界から脱落させる危険をもつ。

第三章　臨床におけることばの意味

心理療法において、たとえ非言語的技法が用いられるとしても、ことばが重要な治療手段であることに異議を唱える人はいないだろう。たとえば芸術療法においても、芸術的表現を媒介にして、言語的交流が促進される。日常生活では、ことば以外の行動もコミュニケーションの手段として多用されているが、心理療法場面における行動はアクティングアウトとみなされ制止されていることもあって、できるだけ表現を言語という通路に収束させることが促される。実際に、夢分析・認知療法・論理療法・フォーカシングなど、多くの治療技法はことばによって成り立っている。

このようにことばは重要な位置を占めているが、個々の事例において話されたことばの内容や病理的なことばの使用法（たとえば分裂病患者における「ことばのサラダ」や言語新作など）についての考察はなされても、ことばの意味そのものについての考察はあまりなされてこなかったのではないだろうか。

ことばの意味と限界

鈴木孝夫によれば、ことばとは「渾沌とした、連続的で切れ目のない素材の世界に、人間の見地から、人間にとって有意義と思われる仕方で、虚構の分節を与え、そして分類する働きを担っている。言語とは絶えず生成し、常に流動している世界を、あたかも整然と区分された、ものやことの集合であるかのような姿の下に、人間に提示して見せる虚構性を本質的に持っている[1]」。

また井筒は、ことばが「その名の意味するところに従って存在を分節し、こうして意味指示的に切り取られた存在断片を『本質』的に凝結させ固定してしまう」ところに問題があるという。「『本質』は仮構であり虚構であって、真に実在するものではない。本当はありもしない『本質』を、あたかも実在するかのごとくに仮構して、それに基いて様々な事物を自体的存在者として固定し定立するこの表層意識本来の働きを、仏教では一般に妄念と呼ぶ[2]」。

このようにことばは、世界を虚構の分節によって断片的に切り取る性質をもつ。また、実在しないものでさえ、あたかも実在するかのように思わせる。いったんことばを習得したあとでは、そのことばのもつイメージ喚起力によって、私たちは大きな心理的影響を受ける。たとえば「雨が降る」ということばを聞けば、たとえ雨が降っていなくても、私たちは雨の降るイメージを否応なく思い浮かべてしまう。さまざまな暗示や、マインドコントロールは、このようなことばの性質を利用して、ある考えを実体化し固定化して植えつけようとするものであろう。

また、精神医学における診断名についても、それを実体化して、「～性障害の人」という捉えかたをしがちである。実際には、どの診断名にもぴったりと当てはまらない、あるいはいくつかの診断名にまたがるような人がいるわけであるが、診断名がクライエントの病理を分類するための仮の観点・基準に過ぎないにもかかわらず、はっきりとした症状として結実させえない事態を、クライエントの自我の弱さ、病理の複雑さとして捉えるのは、本末転倒だろう。

言語学においても、ことばの意味の研究は、音的側面の研究が長い歴史を持ち非常に進んでいるのに比して遅れており、「ことばの意味とは何か?」について決定的な答えは得られていないという。鈴木孝夫は、ことばの「意味」と「定義」を区別している。意味については、「私たちが、ある音声形態（具体的に言うならば、「犬」という言葉の「イヌ」という音）との関連で持っている体験および知識の総体が、そのことばの『意味』と呼ばれるものである」[3]。そして、ことばの「意味」は個人個人によって非常に違っているために、ことばの「定義」を教えることはできても「意味」をことばによって伝達することはできないという。後者の例として、チョコレートを食べたことがない人に、チョコレートの味をことばだけで伝えることはできないことがあげられる。また、「或る言葉を、使い方が部分的に対応すると思われる別の言葉で置き換えて説明する方式は、元の言葉の意味を適切に示し得ないという重大な欠点がある」。

ことばの意味と限界について考えるには、ことばを評価しない禅の考えかたが参考になる。禅のモットーは「ことばに頼るな」（不立文字）である。鈴木大拙は禅について次のように述べている。

禅は科学、または科学の名によって行われる一切の事物とは反対である。禅は体験的であり、科学は非体験的である。非体験的なるものは抽象的であり、個人的経験に対してはあまり関心を持たぬ。体験的なるものはまったく個人に属し、その人の経験を背景としなくては意義を持たぬ。科学は系統化を意味し、禅はまさにその反対である。言葉は科学と哲学には要るが、禅の場合には妨げとなる。なぜであるか。言葉は代表するものであって、実体そのものではない。実体こそ、禅において最も高く評価されるものなのである。禅において言葉が要るとしても、それは売買における貨幣と同じ価値のものである。寒さを防ぐために貨幣を着る訳にゆかぬ。饑渇を充すために貨幣を飲む訳にゆかぬ。貨幣は、実際の食物・実際の羊毛・実際の水が、生活に対して実際の価値を持つ時、それらに換えられるべきものなのである。人々は始終この知れきった事実を忘れていて、金を溜め込むことを止めようとせぬ。そんな塩梅で、人々は言葉を記憶し、概念をもてあそび、それで自分は利口だと考えている。なるほど、「利口」ではあるが、この種の利口さは人生の諸事実を扱う場合には益するところはない。(4)

鈴木大拙によれば、知識には三種類ある。第一は「読んだり聞いたりすることによってうるもの」、第二は「科学的と普通いわれているもの」、第三は「直覚的な理解の方法によって達せられるもの」である。直覚的な知識は「あらゆる種類の信仰、とくに宗教的信仰の基礎を形成」している。「禅が呼びさまさんとするところは、この第三の形態の知識であって、それは深く存在の基礎にまで滲透している。というよりはむしろ、われわれの存在の深いところからでてくるものなのである」。

彼は、投子(大同禅師)と僧の問答をあげ、投子が僧の知的解釈を斥けて、僧に一棒をくらわした理由について、次のように述べている。

和尚は、あらゆる禅匠と同じく、かかる僧に対しては言語的説明の無益なるを知った。言葉の上の詮議は一つの複雑から他の複雑に入って、終るところを知らぬからである。くだんの僧のごときに概念的理解の虚偽を悟らせる唯一有効な手段は彼を打つことである。……この僧にとっては論理的夢遊病より醒めることが必要である。……

……悟りの原則は事物の真理に到達するために概念に頼らぬことである。概念は真理を定義するには役立つが、われわれが身をもってそれを知ることには役にたたぬ。概念的知識はある点ではわれわれを利口にするが、これは皮相なことにすぎぬ。生きた真理そのものではない。それゆえ、それには創造性がない。単に死物の蓄積にすぎない。東洋的な認識論というようなものがあるとすれば、禅はこの点において最も十全にその精神を反響するものといってよい。

西洋人の心理は秩序的、すなわち論理的であり、東洋的心理は直観的であるという言葉には真実が含まれている。直観的心理にはなるほど、弱点もあるが、その最も強い点は生活における最も根本的な事柄、すなわち、宗教・芸術・形而上学に関する事柄を取扱うさいに明示される。この事実——悟りの意義をとくに打樹てたのが禅である。生および事物の究極真理は一般に、概念的にではなく直覚的に把握されるべきだという観念、この直覚的知識が哲学のみならず他のいっさいの文化活動の基礎だという観念こそは、禅宗が日本人の芸術鑑賞の涵養に寄与してきたところのものである。

私たちは対話や解釈において、しばしば「論理的夢遊病」に陥る。しかし、治療場面で何らかのことばを選び発するときには、状況を論理的に分析しているだけでなく、「直覚的知識」によっていることが多いのではないだろうか。直覚的知識に基づかない概念的知識は、現実の生活においてもあまり力にならない。

日常的なレベルでは、この直覚的理解においても、ことばによる名づけが生じていると思われる。また、直覚的理解は論理以前のものであるが、それを検証するためには論理が必要である。直覚的理解は洞察をもたらしうる反面、直観に基づくものであるため誤りやすく、その判断が正しいかどうかを吟味したり、他者との対話によって確かめる態度をもたなければ、妄想的確信とよばれるものになりうる。

概念にのみとらわれることも不毛であるが、直観的理解を絶対的に正しいと思い込むことの弊害も大きい。たとえば絵画療法や箱庭療法において、治療者がその作品から感じとっていることは、作り手が感じていることとずれている場合もあるだろう。互いが感じていることを確かめるためには、多くの場合、ことばによるやりとりが必要になるのではないだろうか。しかし治療者がなにも言わないことは、治療者に理解してもらえているというクライエントの幻想を持続させやすいので、それが治療効果をもつかもしれない。

同じことばでも、ことばに対するイメージや体験的実感は個々人によって異なっている。夢分析において個人的連想を聞くのは、そのためである。たとえば、親に捨てられ施設で育った人が「親がいないと不便だ」と言うのと、家庭的に恵まれている人が「親がいないと不便だ」と言うのとでは、「不便」ということばに込められた思いが異なっているだろう。ことばには、その人のそれまでの体験が集約されている。

ことばの意味がわからない

さて、ことばの意味とは何かを考えるためには、ことばの意味の理解に障害をもつ事例をとり上げるのが役に立つだろう。

ある自閉症児のエピソードである。[5]

その少年は幼児期から難しい算数問題もすらすら解くので、地元では天才少年として評判だった。小学校時代の朝礼で校長の講話があったとき、整列していた子供たちのなかに私語をしている者がいた。校長は「誰ですか。お話をしているのは」と大きな声で言った。するとその少年は「校長先生です」と真剣な調子で答えたという。

校長の問いの内容は「話しているのは誰か」なのだから、論理的には「校長先生です」という答えは誤りではない。ただし、校長のことばの言外の意味は「私語をやめなさい」というところにあり、発せられたことばの額面からだけでは理解できない。朝礼で私語をしてはいけないということ、私語をしている生徒に対して校長が注意を促していること、場合によっては怒っていること、などが了解できて初めて、校長の意図に沿った反応——たとえば私語をやめる——ができるのである。

自閉症における言語障害の特徴は、ことばの読み書きや文法能力には問題が少なくても、ことばをどのような状況で用いたらよいか、ことばの意味が状況によってどのように変わるのかが理解できないことにあり、それは話し手の意図や周りの状況を読み取ることが困難なためであるという[6]。つまり、他者の感情状態を読み取ることができないために、ことばの字義どおりの意味は理解できても、状況によって異なる意味が理解できないのである。

もし校長が「みんなのなかにお話をしている人がいますね。それは誰ですか。いますぐやめなさい」と、考えを正確にことばにしてくれたら、おそらくこの少年も意味を理解できたであろう。しかし私たちの通常の言語活動は、伝えたい意図を過不足なく厳密に伝えるどころか、意図からそれたことばや意図とは逆のことばなどが横行しているのであり、ことばは意図を欺くものである。私たちは、相手の表情や身振り、ことばが発せられた状況、歴史的文脈などから、相手の感情を想像して、ことばに不足している部分を補うことで、ことばの意味を理解している。自閉症児が冗談や比喩を理解できないのは、そのことが難しいからである。

ことばの意味は、表されたことばに内在する意味のみからは理解できない。ここに言語理解の難しさがあり、多くの人にとってつまずきの石となる。

ある大学生は、授業中に他のことをしていたところ、教師に見つかり「他のことをするのなら、いますぐ出て行きなさい」と言われた。そのとおり出て行こうとしたところ、「失礼だ」とこっぴどく叱られたという。あるいは、「言いたいことがあるなら、言いなさい」と言われて、思っていることを言ったら、「まだ言うのか」と叱られるようなこともある。ことばの内容が、意図とは逆の方向を示しているのである。

分裂病者においては、それが何であるかという「即物意味」ではなく、それがその状況のなかで何を意味するかという「状況意味」が失認されるため、「その状況から対象が突出して感じられ、困惑し、通常であればいちいち考えないですませることも自問自答してしまう」ことになる。(7) 堀によればこれは、対象を全体として構造的に実感的に把握することの困難性や不全感として訴えられる「思考障害」と同じ事態であり、「自然な自明性の喪失」、つまり「世界との親しさ」や「世界に根をおろしていること」が失われているために生じるという。

また鈴木茂は言語の機能を「指示機能」(自己のありかたとは無関係に対象的事態を叙示する)と「表出機能」(自己の意識や感情の表現によって聞き手を情緒的に動かす)に分け、表出的用法によってたえず自分のことばを共同体のことばによって校正されなかった子供は、その結果として、非妄想型分裂病に見られるように言語の表出機能を放棄したり、表出機能が弱いためにもっぱら指示機能に自己投企したりするという。(8) 表出機能の弱さを補うために指示機能のみを強化すると、いっそう他者との感情的交流を難しくするという悪循環が生じるであろう。

ある分裂気質の人は、幼少時から内向的で自分の世界に入っていることが多く、他人との会話をほとんどしてこなかったために、他人のことばの意味が理解できないという。とりわけ日本においては、オモテとウラ、本音と建前の使い分けがひんぱんにあること、非言語的なシグナルから意味を察することを要求されること、などの理由によって、このような人は対人関係に非常に困難を覚える。その人なりに理解して発言しても、場の状況が期待していることからずれていると場がしらけてしまい、その時の沈黙が一体何を意味しているのかもはっきりとわからないため、おそらく自分が失敗し、多くの人から拒否的な感情をもたれていると推測され、恐ろしくてしかたないのである。

また、他の人たちが、たとえばおいしい食べ物やレジャーの話など、たわいもない話題に興じているのを見ると、そのような内容的につまらない話の何がおもしろいのか、理解に苦しむと言う。それはおそらく、内容そのものよりも、話題を共有しことばのやりとりをすることじたいを楽しんでいるのであるが、その人にとっては、有意味なことや高尚なことが話されないならば、会話は無意味だと思われるのである。

正しい理解のために

ところで、私たちは他人のことばを聞いて、意味をある程度理解できていると思っているが、それが正しい理解であるという確証はない。にもかかわらず、わかっていると思っている。実際には、互いに意味を確認しあわないかぎりは、誤解や思い込みを修正する機会を得られないのであるから、わからないといって恐怖を感じている人の感覚のほうが、ある意味で正しいのかもしれない。あるいはこうもいえるだろう。私たちは、互いに理解しあえていなくても、人間関係は成立し継続しうると感じているのだ。

他人のことばだけでなく、自分自身のことばでも、それが意味するものを理解することは難しい。あれこれ話しているうちに、いったい何が言いたいのか、自分でもわからなくなることがある。何のためにあることばを使っているのか、私たちはつねに意識的に把握しているわけではないし、つねに本心を適切に表すことばを用いているわけでもない。さらにいえば、自分の本心のような変転するものをいつも理解しているわけではない。あることばを当てはめてみて、そのときの自分のこころが明確になり整理されることもあれば、ことばがこころから離れているためにいっそう混沌に陥ることもある。

場合によっては、ことばの内容は何でもいいこともある。たとえば反抗期の子供がなにか親に文句を言ったとして、その何かがまさしくそれでなければならない理由などない。反抗すること、文句を言うことじたいが、目的化しているからである。イライラして物を投げつけるように、ことばを投げつける。きっかけは何でもいいのだ。だから、ことばの内容にとらわれすぎては、対応を誤ることになる。ただ黙って聞いているのがいい場合も多い。

成田は、強迫症者のことばが抽象的・一般的であるとし、ある高校生の患者の例をあげている(9)。彼は成績が下がったため学校に行くのが気が重く、ひとりぼっちでつらいのであるが、それを「今の学校制度下では人は互いに不信感をもち、軽蔑しあっている」と語る。成田によれば、患者は「自分の生身の体験をストレートにことばにしない」のだが、治療者は「患者に否認されている生身の体験」を質問することで呼び戻そうと試みる。

この高校生の場合、自信をなくして傷ついていることや独りで寂しいことなどは意識化されず、いまの学校制度下での一般的な「人」の問題だけが意識化されている。このことは、発話者が自分自身の本心をつかめないままに、ことばを語っていることを示している。このような事態は、とりわけ思春期に顕著である。

河合は、不純異性交遊の女子高校生の例をあげている。[10] 彼女は、自分は好きでやっているだけで誰にも迷惑をかけていない、喜んでいる人もいる、なぜ好きなもの同士のすることが不純なのか、好きなもの同士なら純粋じゃないか、先生が好きでもないのに奥さんと触れ合っているのは不純じゃないか、などと言ったという。それに対して河合が、世の中には悪いことというのは二種類あり、理由があって悪いことと、理屈抜きで悪いことの二つで、彼女のやっているのは理屈抜きで悪いほうだからだめだと言ったところ、彼女は不純異性交遊をやめていったという。

河合によれば、彼女がいちばん欲しかったのは「どなる親父」、つまり「何か自分のぶつかれるもの」「全面で立ちふさがるもの」だった。彼女はおそらく、自分の行為を理屈で正当化しながらも、どこかおかしいという感じがあり、有無をいわさぬ毅然とした態度で自分の行動を律してくれる人を欲していたのであろう。このような彼女の気持は、ことばにはまったく表されていない。治療者は、ことばにならない声を聴きとらねばならないのである。

また、強迫神経症の女性の事例を横山があげている。

相当治療過程の後になって彼女が語ってくれたことであるが、彼女が面接室に入って、治療者である筆者の姿を見た途端、あっこの人であれば自分を治してくれると思ったと言う。何故かと問うと、前髪が比較的長くその髪の間から自分を見て、手にはワイン色の万年筆を持っていたからだと語る。それがどうして尋ねても、本人にも意味は分からない。強迫神経症者によく見られる一種の魔術的思考か、彼女なりの深い直感の働いた象徴的感じ方かのいずれかであろう。治療者とクライエントの出会いの相性の問題は最初の数回の面接で決まることが多い(11)。

クライエントが「この人であれば自分を治してくれる」と感じた理由は、治療者の「前髪が比較的長くその髪の間から自分を見て、手にはワイン色の万年筆を持っていたから」というもので、論理的には理由になっていない。横山が述べているように「彼女なりの深い直感の働いた象徴的感じ方」をしていた可能性が高いであろう。

このようにことばを超えたところで直観的理解がはたらいていると思われるが、これは治療者によるクライエント理解においても同様である。クライエントの語ることばを聞いて、なにかしっくりこない感じ、本心を偽っている感じ、ことばが素通りしていく感じ、無理をしている感じなど、ことばの内容以外のところから感じとられた情報によって、治療者も理解を深めている。

「平等に漂う注意」はクライエントにのみ向けられるのではなく、治療者自身の直観、感情、感覚などのすべてに対して向けられる。そのような全体的理解があって、それをことばで確かめるのであり、ことばだけでやりとりしているのではない。全体的理解に基づくことばは、クライエントが今まで意識できていなかったものを意識化させて、クライエントの自己理解、洞察を深めるのに役立つ。

もうひとつ成田による、身体症状、学校での規則違反や性的問題行動のみられた女子高校生の事例もみてみよう。[12] 彼女は、自分が夜遊びで帰宅が遅くなるとき母親は先に寝ていて何も言わないと語り、「私は信用されているから」と言った。治療者は「そうなの、お母さんはあなたを信用してくれているのね」と応じ、その話題はそれで終わったという。成田は、この面接が深まらずに終わったのは、治療者が「患者の思っている（思いたがっている）とおりに」「納得したがっているとおりに患者の気持ちをわかってしまったから」であるとしている。そして、以下のように考察している。

この少女は、自分が夜遅く帰宅するとき母親が起きて待っていてくれないことに不満を抱いていたかもしれない。母親が自分をしかってくれないことに、つまり自分で自分がコントロールできなくて性的放縦に陥ってしまう、そういう自分を母親がコントロールしてくれないことに憤りを、あるいはさびしさを感じていたかもしれない。夜遊びで帰宅が遅くなること自体が、母親の関心を呼び醒まそうとする努力であったかもしれない。それに応じてくれない母親の無関心を母親に見捨てられたと体験し、孤独感や無力感を抱いていたかもしれない。しかし母親への怒りを表出すればますます母親を遠ざけることになったであろう。また見捨てられを自覚することは彼女には耐えられないこころのいたみであったろう。そこで怒りも見捨てられ感も意識に上らぬようにして、「母は私を信用してくれているから」と思おうとしていたのかもしれない。

夜遊びで帰宅が遅くなるときに母親が先に寝ていて何も言わないことを、彼女が話題にとり上げたことじたい、そのことへの感情的こだわりがあったからではないだろうか。「私は信用されているから」と彼女が言うとき、その言いかたに、なにか不自然さ、無理が感じられたのではないだろうか。

ここで、ことばにならない気持を感じとることが必要になるが、それもある程度〔good enough〕でなければならない。なにも言わなくてもわかってくれる母親は、子供に万能感を植えつけるだけであり、けっして良い母親とは言えないからである。また、自我の弱い人にとっては、わかられすぎるというのは侵入される脅威を感じる体験であろう。要求が満たされないとき、また二人のあいだに埋めようのないギャップを感じるときに、主体性をもち自分とは別の人格である他者の存在を認識するようになる。

クライエントのなかには、治療者が自分の要求に「ピッタリ」とした反応をしてくれないと言って怒る人がいるが、そのような要求にこたえつづけることは誰にもできないことである。そこでクライエントには、他人に理解してもらうために、自分の要求を伝えることばを自分で見つける努力が必要になる。

さらに氏原があげている、思春期の子供の理解しにくいことばの例を紹介しよう。

ある家庭内暴力の高校生は、母親に「オマエはオヤジの女房かオレのオフクロか」と詰め寄ったという。(13) 母親は即座に「アンタのお母ちゃんに決まっているじゃないの」と答えた。すると、間髪を入れず「すぐ離婚しろ」と言い、そして「また、このウソツキ奴！」と殴ったという。

この高校生は、はたして母親が「オヤジの女房」であるか「オレのオフクロ」であるかを聞きたかったのであろうか。それとも不安でしかたなく、自分ではどうしようもないから、そのはけ口を求めて、無理難題をふっかけたのだろうか。もし後者であれば、何と答えられても、それをきっかけに暴れることだろう。

ことばじたいは「AかBか」という二者択一の問いになっている。人は精神的に追い詰められ余裕をなくすと、二者択一的思考に陥りやすいものである。これを額面どおりに受け止めると、「Aである」、「Bである」、「AとBの両方である」、「AでもBでもない」という四とおりの答えが考えられるが、そのいずれを答えても、子供は納得しないであろう。問いそのものに直接答える必要はなく、そのことばのむこうにある子供の気持に焦点を合わせることが大切である。思春期の子供と会話するとき、ことばの表層にとらわれると泥仕合になり、いっそう事態がこじれてしまうことが多い。

家庭内暴力児が、モノを買ってもらうことを要求する場合も、田中によれば、ほんとうに望んでいるのはそのモノではなく、「心に空いてしまった穴を埋める材料」を探し、「どうしようもない不安や焦りの代償」としてモノを求めているのである。[14] だから、親が子供の要求をそのままのむと要求がエスカレートするだけである。子供がほんとうに求めているのは、個々の要求の充足ではなく自分の存在そのものの承認だ、と斎藤は述べている。[15]

しかし、存在そのものの承認とはいったい何だろう。それが、たとえ受け入れ難いことであっても無条件に受容することであるならば、存在そのものの承認とは、理想的観念であって、実際にはどんなに親しい関係においても困難なことではないだろうか。

ここに、家庭内暴力の高校三年生の息子に対して母親はオロオロして途方にくれるだけだったが、父親が積極的に対応した事例がある。[16] その父親は子供が少し落ち着いたところで、なぜそういうことをするのか、どうしてもらいたいのかなどを、長い時間静かに話し合った。これを毎晩のように続け、子供の気持を理解しようとした。はじめのうち子供は拒否的で、話したくない、放っておいてくれ、理由はないなどと、相手にしなかったが、子供も少しずつ話すようになり、さらに父親は、子供の好きな将棋の相手をしたり、日曜日には釣りに誘って出かけたという。

この父親は、心理療法的観点からみて基本的態度を示していると思われる。自分の考えを上から押しつけず、あくまでも子供の気持に焦点を合わせて理解しようとし、動じることなく、忍耐強い対応をしているからである。

生きるか死ぬか

ところで、クライエントからの二者択一的な問いは、カウンセリング場面でしばしば生じるのではないだろうか。心理療法に関するいくつかの書物や個人的な会話のなかから実例をあげてみよう。

「先生は、仕事（金もうけ）で私に会っているのか、私のことを本当に思って会ってくれているのか。」

私自身はこのような質問をされたことはないが、この問いに対して、「仕事」「本当に思って」「両方」「どちらでもない」のいずれで答えても、おそらくクライエントは満足しないだろう。実際には両立可能であるけれども、二者択一で聞いているので、「仕事」と答えれば、「私のことを本当に思ってくれていない」とクライエントは受け止め、拒絶されたと感じるであろう。「本当に思って」と答えれば、「仕事」であることは明らかだから、「先生はうそをついている」と感じるだろう。

そもそも「本当に思う」とは、いったいどういうことを指して言っているのだろうか。クライエントが「本当に思う」ということばを発したのは、しかもそれを「仕事」と対立的にとらえたのは、治療者のあまりに機械的・実務的な態度が冷たく感じられたからかもしれない。あるいは逆に、治療者が仕事という枠をはみ出した振る舞いをしたために、混乱したということも考えられるだろう。

こんなときに「両方」と答えれば、そんなことは最初からわかりきっているので、納得できないだろう。そんな常識的な答えがほしいのではないのだ。かといって、「どちらでもない」と答えることは、実際上むずかしいだろう。

すると、クライエントのことばの奥にある気持を理解するには、「仕事で会うと、どういう会いかたになるだろう。どういう会いかただと、仕事と感じられるだろう」「本当に思うってどういうことだろう。どうしたら、本当に思ってくれていると感じられるだろう」と訊く。その答えから、「私のこういう態度が~と感じられたのかな。それでさみしい思いをさせたのかな」などというように、クライエントの気持を話題として取り上げることができる。表にあらわれたことばをヒントにして、クライエントが本当に言いたいことを探求していくのである。

また、そのような質問が出ることじたい、それまでの治療者の不適切な対応が引き金になっていることが多いと思われる。治療者は、直接質問に答えるのではなく、なぜそのような質問が出たのか、自分自身の対応はどうであったかを考えるべきであろう。安易に質問に答えようとすると、最初にあげた家庭内暴力児の母親のように「ウソツキ奴！」と怒られるだけだろう。

また、人生の岐路に立ったクライエントが質問してくる場合もある。

「Aという道とBという道があり、迷っているが、先生はどちらがいいと思いますか。」

これに対しては、治療者が答えを出すわけにはいかない。アドバイスをすることはあっても、答えを出すのはクライエント自身の責任だからである。たとえば治療者がAと答え、クライエントがAを選び、うまくいかなかった場合、「先生がAと言ったからやった。なぜあのとき、Bと言ってくれなかったのか。Bならばうまくいったのに」と責められることになるかもしれない。責められるのを防ぐために答えないのではないが、治療者がクライエントの問題を肩代わりしたのが失敗なのである。ただクライエントの考えにうなずいただけであっても、「先生がこうしろと言ったからした」と、あたかも治療者が強制したかのように言われることも多い。クライエントの人生の問題は、クライエントが悩んで結論を出さねばならない。その問題を考えることを援助するのが治療者の仕事である。

「Aについてはどう思うか」「Aを選べばどういうことが生じるか」「Bについてはどう思うか」

「Bを選べばどういうことが生じるか」などと訊き、クライエント自身に考えさせるようにする。たいていの場合、どちらを選んでも一長一短あるものだから、それら両面を合わせて考えていくようにする。

クライエントが陥りがちな状態は、焦って結論を出そうとすることと、視野狭窄になりAとBしか見えなくなることである。もしかしたらCやDといった可能性もあるかもしれない。また、いったん始めた以上は引き下がれないと思っている人がいるが、撤退するほうが賢明なときもある。治療者はさまざまな可能性を視野に入れながら、時間をかけてクライエントとともに考えていき、そのうえで、クライエント自身が納得して選ぶのがよいと思われる。

現実には期限の定められていることもある。その場合は時間内に結論を出さねばならないが、ともかく治療者はクライエントが多面的に考えられるように援助し、クライエント自身に決断させることが肝要である。

どこから発せられているか

ことばは意識のさまざまな層から出てくる。ある層から立ち現れたことばを、異なる層の基準でもって判断しようとすると誤るだろう。深層意識から神話的イメージが直接的にことばとして現れることもあれば、表層意識でのみ論理的に構築され、「一つの複雑から他の複雑に入って、終わるところを知らぬ」ことばもある。[17] 深層意識から表層意識へと立ちのぼるあいだに、ことばはさまざまな防衛や理論化によって歪曲される。

ことばは、夢のように歪曲され偽装されているため、夢と同様に顕在内容と潜在思考とを区別する必要がある。顕在内容は、単語と文法の組み合わせによって、意識的にいかようにも構成できる。しかも、自由連想の鎖のように、最初の意図からどんどん離れていける。たとえば離人症者が話すときのように、思考の世界は現実の世界から離れていくらでも飛躍できるのである。

そしてことばの意味は、ことばに内在するのではなく、発話者の性格、ことばが発せられた状況、対人関係の網の目など、ことばの外からしか正しく理解できない。ことばは理解のためのヒントを与えてくれるが、意味を直接指し示してはいないのである。したがって、ことばだけを断片的に切り取って意味を理解しようとする試みは失敗せざるをえない。

成田は、ある男性境界例患者が、母親の下腹部をじっと見つめながら「お父さんと離婚してぼくと結婚してくれ」と言ったというエピソードをあげている。[18] 母親はごく自然に「おまえ、お母さんのおなかに入りたいような気持か？」と応答した。つまり、母親はこのことばをエディプス的なものではなく、一体化・胎内回帰願望を表すものとして解釈したのである。そのことによって母子関係は一応の安定を得たという。この場合も、母親がことばの額面どおりの意味ではなく、その深層にある意味をとらえたことによって、患者が安定を得たことがわかる。

河合は、「死にたい」と訴えるクライエントが、だんだんと生きる力を回復した後に、以前のことを思い出して「『死にたい』ということばでしか自分の『生きたい』という気持を表現できなかった」と語った例をあげている。[19] このクライエントは、河合との関係のなかで「『生きたい』ということを表すのに『死にたい』ということばしか使えなかった」のだという。しかし、「死にたい」という気持ちも、真実のものであっただろう。「死にたい」と思うほど、生が苦痛に満ちたものであり、その苦しみを訴えていたのだと思われる。

ことばは行為の一部であり、表層にすぎない。ことばは、コミュニケーションの有効な道具でありながら、その操作の多様性・簡便性という利点によって最も虚偽を含みやすい。心理療法においても、また日常生活においても、ことばの内容に必要以上にとらわれることなく、見ること、感じとることなど、ことば以外の感覚を活かしてことばの意味を読み取らねばならない。

たとえば精神分析においては、話されたことばの内容に基づいて、無意識的な意味の探求がなされる。しかし、その最初のことばが虚偽を含むものであるならば、それに基づく言語分析は誤りへと向かわざるをえないだろう。前述した例のように、エディプス的なことばを発したからといって、エディプス的願望があるとはかぎらないのである。

長期のひきこもりと過食嘔吐に苦しむ二十代前半の女性クライエントから、治療終了後二年たって届いたという手紙を藤山が紹介している。

「あのあと別の先生のところに行くことにしました。私はそこでようやくいまくらいよくなりました。私は先生のところで学んだから今度はうまくいきました。先生はわかろうとしすぎました。私は今度の先生にはまったくわかられなかったと思います。」[21]

そして藤山は、このクライエントを「わかろうとしすぎた」自分のありかたについて反省している。しかし、「先生はわかろうとしすぎました」ということばを、文字どおりの意味で理解することは適切なのだろうか。事例の詳しい情報はわからないが、少なくともこの文章を読むと、もと治療者への非常に複雑な両価的感情が感じられる。「ようやくいまくらいよくなりました」「今度はうまくいきました」ということばには、攻撃性が秘められているのではないだろうか。単に感謝したいのなら、素直に感謝のことばが書かれているだろう。

「先生はわかろうとしすぎました。私は今度の先生にはまったくわかられなかったと思います」と対比的に述べられているが、これがよくなった本当の理由なのか、また、「わかる」ということばが字義どおりに使われているのかどうかもわからない。たとえば、治療者のあらかじめもってる理論的枠組を押しつけられるとき、日本的な言語の使用法で「先生はわかろうとしすぎる」と言うことは十分に考えられることだと思う。

心理療法の場から

ことばの断片をそのまま受け取ると、思わぬ間違いをすることがあるだろう。逆に、あることばを文字どおりの意味で言っているのに象徴的解釈がなされたり、過去の重要人物との関係が転移されているとか、元型的イメージが投影されているとか、さまざまな専門用語を当てはめて解釈されることもありうる。これは過剰な、しかも誤った意味の付与であり、クライエントのこころの現実から離れている。

「現実の問題で苦しんでいるのに、夢の話ばかりして何の意味があるのか。」
「ここで同じことばかり話しているだけで治るのか。」

このようなことばがクライエントから発せられることがある。これらのことばは、クライエントの側から見れば当然の疑問で、治療者は自分のやりかたに従わないクライエントに憤ったり、治療抵抗とみなすのではなく、謙虚に受け止めて、自分の方法が適切なのかどうかを吟味する必要があるだろう。日頃夢に親しんでいない人が、自分が現実にかかえている問題とは関係がないようにみえる夢について話し合うといわれても、当惑するのは当然ではないだろうか。

自由連想で何でも話すようにいわれることや、夢分析でどんな夢でも書いてくるようにいわれることは、ごくふつうの感覚からいって恥ずかしいことだと思う。それを強制され、従わないと抵抗とみなされることには、疑問を感じる。

治療において、クライエントを一人の主体として尊重するならば、クライエントが何を表現し何を表現しないかを選べる自由を保証することが、必要ではないだろうか。ある技法を治療者が用いる場合には、その意義について、また、それに伴うマイナスの側面について、言語的説明をしたうえでインフォームド－コンセントを得ねばならないだろう。

心理療法においては、常識的世界から離れて、常識的観点以外の目をもつことが必要であるが、治療の枠組は常識的なものであり、その常識に守られて非常識の世界で自由に遊ぶことができるのである。単に非常識な治療者がクライエントの役に立てるとは思えない。治療者には、病的な体験への感受性だけでなく、心理療法の非専門家の常識、つまり社会の一般的な人々の感じかたをも尊重する姿勢が必要ではないだろうか。その両方がなければ、共感は成り立たないだろう。心理療法家は、自分の慣れ親しんだ方法に対して批判的吟味を忘れ、ややもすると主観的になりすぎる傾向があるように感じられる。

ある技法や治療理念を正しいと信じることによって、それらを第一に優先するようになり、クライエントのこころへの配慮を失う、ということのないようにしたい。

社会の常識から離れた治療法を押しつけられることは、クライエントにとって外傷体験になりうる。しかもクライエントにとっては、その外傷体験が治癒にいたるために不可欠なのか、余計な苦しみを与えられているのかの判断さえできないので、混乱しながらも耐えるしかない。治療者とクライエントは対等であると主張する治療者は、クライエントのこころの現実を見ていないといえる。治療者しか頼る人がいないクライエントの立場は弱く、不当なことであっても不当であると感じることさえできずに従うことが多い。

確かさを得るために

第四章　宗教の心理学的意味

信　仰――不確かな現実のなかで

世界が不確かに感じられるほど、人は強く確かさを求めずにいられない。

たとえばヤスパースは、妄想の定義の一つに「主観的感情的確信」をあげた。[1]

松本は、健康者が、この世に確かなものがあるという保証がなくても、世界の不確かさに身をゆだねることができるのに対して、分裂病者にはそれができず、確かさを求めずにいられないという。[2] そして妄想を、彼らにとって唯一の確かなものを求める試みとしてとらえている。妄想が被害・迫害的なテーマをとりやすいのも、ネガティブなことは確実であるが、ポジティブなことはいつ悪いことが潜み込むかわからず不確実だからと述べている。そして、私たちが不確かな日常を信頼しその日常になじんでいられる根拠は、エリクソンのいう「基本的信頼」であり、ブランケンブルクのいう「世界との親しさ＝自明性」であるという。

ニーダムは、人間がかかえる困惑の最も一般的な解決法として期待する保証には、秩序と確実性があると述べている。(3) 秩序の形態としては、出自体系・支配制度・秘教的儀式などをあげている。確実性とは「決断を可能にする安心感」のことであり、知識の増大によって社会的な事実を専門的に分析する確度は高くなったが、それでもまだ「人生に対する人間の深い不安に応えてくれるような確実性の感覚を得るには程遠い」という。

また、病者が自然発生的に描くマンダラはユングによれば「秩序の象徴」とみなされるが、(4) これが治療の転回点だけでなく、病状の悪化や崩壊を防ぐ最後のとりでとして現れるのも、内なる混沌状態をかかえる人が、外なる形の秩序によってかろうじて自らを支えようとする試みであると考えられる。

強迫症者もまた、「世界に身をゆだねることができない」ため、(5) 秩序や儀式的行為にこだわったり、なにかに取り組むために確実な根拠を得ようとして瑣末な事象にこだわり、一歩も前にすすめなくなる。事柄の重要性の区別がつけられなくなってどれもが重大に思え、「決断を可能にする安心感」を得られず、結果的になにも決められなくなる。

強迫者についてサルズマンは次のように述べている。

強迫行動の主要な目的とは、不確実な世界で脅かされ不安定に感じている人物が安定と確実さとをかち得ようと試みることである。全知全能であると思い込むことによって自分自身を、そしてまた自分の外なる諸力をもコントロールしようと考えるなら、それは人に確実性についての偽りの幻想を与えることになろう。したがって、主要成分はコントロールという成分である。

……両価性、両義性、そして不確実性は人間存在にとって避け難い要素である。効果的にかつ不当な不安をもたずに機能するには、人はこの実存的事実を認めなければならない。この問題を完全主義的、超人的達成でもって克服しようとする強迫者は失敗を運命づけられている。……[6]

サルズマンによれば、疑惑が強迫行為をもたらすのであり、確認強迫は、疑惑と不確実さから確信をもてない人が、いくらかでも確実性を得ようとする試みである。「疑うということが精神病的な程度にまで達し始めると、強迫者は自分に内臓があるかどうかとか、自分が現実に存在するかどうかということにさえ、確信がもてなくなる。そして今度はそれが他人や場所の存在についての大量の妄想や誤認や混乱をつくりだすかもしれない」。

また類強迫性格の特徴として、笠原は以下の四つをあげている。[7]

① 人生における不確実性、予測不能性、曖昧性を極小におさえるための単純にして明快な生活信条ないし生活様式の設定。
② それによって整然たる世界を構成しうると考える空想的万能感。
③ 予測不能性を排除するための何らかの呪術の利用。
④ 不確実性のたかい生活領域への不参加とそれによる生活圏の狭隘化。

強迫症者は、完全なコントロールによって人生から不確実性を排除しようとするのであるが、これは不可能な試みであり、いずれ破綻せざるをえない。自閉症児が外界の同一態保持への強迫的要求をもち、少しでも同一性が崩れるとパニックに陥るように、不確実性を排除しようとすればするほど、少しの予想外の出来事も破局的意味を帯びてくる。

多くの人は、すべてを計画どおりにコントロールできる、コントロールしようなどとは考えていない。たとえ予想外の出来事が生じても、何とかなるだろうという楽観的予想をもって生活を送っている。確実な根拠はないにもかかわらず、そうであろうと信じていられる。それは、自分自身の生活において、確かさの実感をある程度得られているからであろう。その確かさを支えるのは、どこかで誰かが助けてくれるだろうという安心感と、破壊からの修復力への信頼ではないだろうか。たいていのことは修復できるのであり、あるいは時とともに乗り越えていけるのであり、致命的な破局には至らないと信じていられるのである。

強迫症者にとって世界は、いつ自分に災いをもたらすかわからない恐ろしいものであり、変化があるとすればそれは破滅へ向かうものであると感じられる。そのためつねに臨戦態勢で緊張している。世界への信頼をもてず、どのような破局のなかにあっても孤立無援ですべてのことを一気に解決せねばならないと感じている。完全なコントロールを目指すのは、少しの失敗でも安定の基盤を脅かす破滅的意味をもつからである。失敗への恐怖が、彼らの行動を決定している。思考万能主義の彼らは、魔術的思考にたよるのでなければ、理論的根拠によって確かさを得ようとする。

確かさを得るために、強迫症者はどこまでも理論的説明や証明を求めようとする。ある事柄が証明されたならば、その前提となる事柄について、またさらにその前提について、無限に証明を得ようとする。日常のささいな事柄でさえ、確実な根拠が得られないかぎり、判断できないのである。証明されねばならない事柄は無限級数的に増えていく。

しかし、ウィトゲンシュタインが「現代人の体系においては、すべてが説明されるかの如くに思われているのに、古代人は、説明に明確な終結点を認めている限りにおいて、もちろん、現代人よりも透徹している」と述べたように(8)、説明はどこかで終わらざるをえず、説明が行き着いた終点についてはもはや説明されえないのである。

このように説明に限界がある以上、理論的説明によって確かさを得ようとする試みは破綻せざるをえない。儀式や魔術的思考、妄想や強迫行為でも充分な確かさを得られないならば、人は何によってその確かさを得るのだろうか。

ウィトゲンシュタインは、それは信仰によるという。

もしも私がほんとうに救われることになっているなら、――私には――知恵や夢や思弁ではなく――確実さが必要となり、この確実さが信仰である。そして信仰とは、私の思弁する知性ではなく、私の心が、私の魂が必要とするものを信じることである。というのも、私の魂――情熱、いわば血と肉をもつ――が救われるのであって、私の抽象的な精神が救われるのではないからだ。……疑いと戦うものが、いわば救いである。救いへの固執が、信仰への固執であるにちがいない。(9)

またジェームズは、宗教生活のあらわれは潜在意識的な部分と関連していること、宗教者の伝記を見ると精神病的な気質が優勢であることを指摘している。

事実、どんな種類の宗教的指導者にせよ、その生涯に自動現象的行為の記録のないような人はほとんど見いだせないであろう。……

……信仰は、自動現象に補強されて、強められるのである。意識の彼岸の領域から侵入してくるものは、確信を強める特殊の力をもっている。現前の感じのほうが、どれほど漠然としていようとも、概念などよりも無限に強力なのである。概念はどんなに強力なものであっても、幻覚の明証力にはとうてい比肩しうるものではない。救い主を実際に見たり聞いたりする聖徒たちは、確信の極に達する。……(10)

ジェームズは、宗教的生活の特徴として、「安全だという確信、平安の気持が生じ、他者との関係において、愛情が優れて力強くなってくる」ことをあげている。すべての宗教は、不安感とその解決という二つの部分からなり、不安感は、「自然の状態にありながら、私たちにどこか狂ったところがあるという感じ」であり、解決とは、「より高い力と正しく結びつくことによって、この狂いから私たちが救い出されているという感じ」であるという。

このように、信仰とは確かさを得ることである。

迷信と信仰の心理学

迷信や信仰は、合理的な人々のあいだでは低い評価しか得ていないようだ。しかし人々の生活の現実を見ると、至るところにさまざまな信仰があり迷信がある。日本における俗信の研究を見てもこのことは明らかである。いかに合理的な考えかたをしていても、迷信や信仰とまったく無関係に生きている人は少ないのではないか。迷信と信仰がこのように広く存在することは、これらに心理学的な意味があることを示しているだろう。

フロイトは迷信について次のように述べている。

私は、外的（現実的）な偶然は信じるが、内的（心的）な偶然は信じない。迷信的な人はこれと逆である。彼は、自分の偶然の行為や錯誤行為の動機については何も知らないで、心的な偶然があると信じている。そのかわり彼は、外的な偶然には、いつか現実の出来事の中に現れてくる意味があると考えたり、偶然は自分に隠されている外部の何かあるものの表現手段であると考えたりしがちである。……

……ところで私は、心的な偶然の動機を意識的には知らないが無意識的には知っていることが、迷信の心的原因の一つであると考えている。迷信的な人は、自分の偶然的な行為の動機を全く知らないために、またこの動機の事実が彼に認められることを求めるために、その動機を移動させて外界に持ちこまざるを得ないのである。そのような関連があるとすれば、それは何も迷信の場合に限らないだろう。事実私は、もっとも近代的な宗教の中にまで広く及んでいる神話的世界観の大部分は、外界に投射された心理に他ならないと考えている。……

……迷信は、敵意にみちた残虐な感情の動きが抑圧されることによって生じることを最も明白に知ることができるのは、強迫思考や強迫状態にとりつかれている、しばしば非常に知能のすぐれた神経症患者の場合である。迷信は、その大部分が不幸の予期である。他人にしばしば悪いことを望んだが、善良であるべく教育されたために、そのような願望を無意識の中に抑圧してしまった人が、そのような無意識の悪に対する罰を外部から迫ってくる不幸として予期するようになるのは、とりわけ自然なことだろう。……(11)

そしてフロイトは、強迫行為と宗教的儀式の類似性として以下のものをあげた。つまり、それをしないと良心の不安を感じること、他のすべての行為から完全に孤立していること、細部にわたって綿密に行われること、罪悪感をともなうこと、本能活動の抑圧・断念をともなうこと、である。

これらの一致と類似性から、あえて強迫神経症を宗教形態の病理的対応物として理解し、神経症を個人的宗教性、宗教を普遍的強迫神経症と呼ぶことができるだろう。最も本質的な一致は、生まれながらの本能活動の断念が根底にあることだろう。これらの本能は、神経症者においてはもっぱら性的起源をもち、宗教者においては利己的起源をもつというように、性質においては決定的な差異がある。(12)

またフロイトは、人間の世界観はアニミズム的段階・宗教的段階・科学的段階の順に発展すると述べ、これを個人のリビドー発達の段階と対比すると、アニミズム的段階は「自己愛」に、宗教的段階は「両親との結びつきを特徴とする対象発見」に、科学的段階は「快感原則を断念して現実に適応しながら外界に対象を求める個人の成熟段階」に対応するとした。(13)

さらにフロイトは、宗教的観念は幼児的願望を充足しようとして生まれた幻想であるとして批判している。(14) 宗教の本質は、「全世界を前にして人間のちっぽけさと無力さ」を感じ、「その感情を取り除いてもらおうとする反応」である。寄る辺ない幼児が父親に保護を求めるのと同様に、寄る辺ない大人は父親に擬した神に保護を求めるのである。宗教は、幼児期の強迫神経症に類似した神経症であり、信心深い人はこのような普遍的神経症にかかっているために、個人的神経症にかかるのを免れている。そして、人が成長するにつれて幼児期の神経症から脱却できるように、人類もいつかこの神経症的段階から脱却できるだろうという。

「世界の耐え難い側面を願望形成によって修正し、この妄想を現実に押しつける」という点で、われわれのすべてはパラノイア患者と同様に振る舞っている。「大多数の人間が共同で、現実を妄想的に作りかえることによって、幸福の保証と苦悩からの保護を得ようと試みる」のであり、宗教はそのような「集団妄想」であるとみなしている。「宗教は、幸福の獲得と苦悩からの保護への道を、すべての人々に同じ仕方で押しつけることによって、選択と適応のはたらきを侵害する。宗教のテクニックは、人生の価値をおとしめ、現実世界の像を妄想的に歪めることにある。それは、知性を脅しつけることを前提にしている。この犠牲を払って、つまり心的幼稚症に無理やりとどまらせ、集団妄想の中に取り込むことによって、宗教は、多くの人々を個人神経症から免れさせることに成功する」[15]。要するにフロイトは、宗教を「集団神経症」あるいは「集団妄想」とみなし、幼児心理への固着であるとして批判しているのである。

ところで、宗教に対するユングの見解は、このようなフロイトの見解と対立している。「人は、いついかなるところにおいても当然のように宗教的機能を発展させ、それゆえ人のたましいには太古の昔から宗教的感情と観念がしみこんでいる。……人間のたましいのこの側面を見ない人は盲目であり、それを説明し去り、その上啓蒙しようとさえする人は現実感覚をもっていない」[16]。そして、「非常に多くの神経症は、何よりもまず、たとえばたましいの宗教的欲求が子供じみた啓蒙幻想のせいでもはや気づかれなくなっていることに基づいている」としている[17]。

ユングによる宗教の定義は、ヌミノースの体験によって変化した意識に特有の態度、ヌミノースを注意深く良心的に見つめること、である[18]。また、「最も優勢なものは常に宗教的・哲学的性格をもっている」ともいう[19]。

目に見えずコントロールできない要因を注意深く観察し考慮することである宗教は、人間に特有の本能的態度であり、そのあらわれは人間の全歴史を通じてたどることができる。宗教の明白な目的は、心の平衡を保つことである。というのは、自然な人間は、意識の機能が、内面と外界から生じるコントロールできない出来事によっていつでも妨害されうるという事実を、同様に自然な「知識」として把握しているからである。このため、自分自身と他人に重大な結果をもたらしそうな困難な決定が、宗教的性質をもつ適切な手段によって安全となるように、人は常に配慮してきた。目に見えない力に供物が捧げられ、格別の祝福が宣言され、あらゆる種類の厳粛な儀式が行われている。いつでもどこでも加入儀式はあったのに、その効果は魔術と迷信であるとして、心理学的洞察のできない合理主義者が異議を唱えている。しかし魔術は、とりわけ心理的な効果をもつのであり、その重要性を看過すべきではない。「魔術的」行為の遂行は当人に安全感を与え、その安全感が決定を行うために絶対不可欠なのである。なぜなら、決定は不可避的にいくぶん一面的であり、それゆえ当然、危険であると感じられるからである。[20]

このようにユングは宗教を本能的態度とみなし、そこに、こころの平衡を保ち安全感を与える機能があると考えた。フロイトが宗教を集団神経症とみなし低く評価したのに対して、ユングは宗教的態度を失うと神経症が生じるほどに、宗教は人間心理にとって本質的なものであるとみなしているのである。

情熱か恐れか

ところで、フロイトが宗教と迷信をともに無意識の外界への投射であるとして説明しているのに対して、ウィトゲンシュタインは迷信と信仰を明確に区別している。「宗教的な信仰と迷信とは、まったく異なる。一方は恐れから生じて、疑似科学のようなものだが、他方は信頼である」[21]。

宗教の信仰とは、あるひとつの座標系を情熱的に受けいれる決心をする（ような）ことにすぎないのではないか、と思われる。つまり信仰ではあるのだが、ひとつの生き方、生の判断の仕方なのである。情熱的にそういうとらえ方をすることなのである。だから、宗教的信仰の教育は、その座標系を描写・記述する必要があり、同時に、良心に語りかける必要もあるだろう。そして最後にはこの両方の力によって、生徒が自ら、その座標系を情熱的につかまえる必要がある。あたかもそれは、一方で、誰かが私に私の絶望的な状況を見させ、他方では、非常用錨を描写するようなものである。最後に私は、自ら、しかし決して先生に手を引いてもらうことはなく、突進して、それをつかむのである。

このように信仰は、ひとつの情熱的な生き方、判断であるとみなしうる。

ところでニーダムは、宗教の基本と思われる教義や実践をひたすら信奉しようとする心的現象は「献身」と「回心」の二つであるが、それらは宗教だけに見られるものではないとし、宗教は数ある献身対象のうちのひとつであると述べている[22]。また、宗教の信者は特殊な気質の持ち主だと思い込む傾向は、異文化の宗教を理解するうえで誤った判断をもたらすという。

上述したようにウィトゲンシュタインによれば、信仰は、ある生の座標系を情熱的に選び受け入れるという積極的信頼、献身であるのに対して、迷信は恐れる事態を回避しようとして生じる消極的な観念ということになる。

しかし、すべての迷信が恐怖に駆り立てられたものではなく、スポーツ選手の迷信などに見られるように、負けることへの恐怖よりも勝つことへの希望に導かれたものもある。この観点から見ると、迷信と信仰の区別もあいまいになる。ヴァイスは迷信について研究し、以下のように述べている。[23]

迷信が形成されるのに不可欠な要素は「不確実性」であり、恐怖に基づく迷信と保守的な態度は関連し、いずれも不確実性への普遍的嫌悪に端を発している。また、迷信を信じやすい思考は、神経症的性格、落ち込みやすさ、不安、自尊心の低さ、自我の弱さと関連している。また、あいまいさへの寛容度が低いほど迷信深い。コントロールしたいという人間の欲求が、迷信的行動の大きな動機になっており、本来ならコントロールできないことを操れるように感じさせてくれるものが迷信である。ストレスや脅威の強い状況で迷信が実行されるときは、迷信の作り出す支配の錯覚が心理的に好影響を与える。したがって、ストレスが強く、客観的に見てもコントロールが効かない状況に対処する手段として、迷信は役に立つという。

人間にとって、コントロールできるという感覚は必要不可欠である。「学習性無力感」に見られるように、なにをしても状況をコントロールできないと、抑うつや身体症状が生じる。

それに関連してテイラーは、ふたつの説を展開している。[24] ひとつめは、積極的な自己欺瞞は異常ではなく人間心理のごく自然な働きであり、うつ病患者には現実的な自己評価ができるのは、後ろ向きの世界観をもっているからではなく、プラスの錯覚を抱けなくなり、より現実的にありのまま物事を見るからであるという。ふたつめは、自分の置かれた状況を肯定・否定を含めて現実的に理解することが精神的な健康の前提だとする精神医学や臨床心理学の常識に疑問を投げかけ、むしろ自己欺瞞という楽観的な態度の方が精神の健康には効果的だという。意味づけができている、コントロールできるという実感は、幻想であっても良い影響を及ぼすのであり、楽観主義と肯定的な自己欺瞞を高めるべきだというのが、テイラーの治療観である。

現実を完全に否認したり、願望によって極端に歪めて見ていると、社会適応が困難になるだろう。しかし、いわゆる健康な状態で社会生活を送っている人々が、必ずしも現実直視にすぐれているとはいえず、むしろ楽観的な、あるいは幻想的な自己観に支えられていることが多いのではないだろうか。「躁的防衛」によって社会的に活躍している人も少なくない。クライエントに直面化の技法を多用する治療者でさえ、どれほど自己に直面化できているかどうか疑問である。

死の受容と希望

進行ガンの自然退縮という稀なケースについての研究もある。柏木はそれらの人々に共通しているものとして、非常に前向きな生活態度と、自分の癌はあることをすれば必ず治るという「確信」をもっていたことをあげている。[25] ある女性患者は、家の裏庭に柿の木があり、その柿の木に朝一回と夕方一回、とにかく登って体を鍛えれば必ず癌は治ると「確信」してそれを続けた結果、かなりの進行癌だったのにもかかわらず自然退縮したという。そのような前向きな姿勢、治るという「確信」が、体の免疫力を高めたのではないかと考えられている。

柿の木に登れば癌が治るという考えには、合理的根拠がなく、それは迷信とよべるものかもしれない。しかし、このような確信が、精神的のみならず身体的にも効果を与える場合があることは否定できない。また、結果的にそれが奏効しなくとも、効果を信じて努力することじたいが治療的効果をもつであろう。

キュブラー゠ロスは末期患者の心理過程として、否認と隔離・怒り・取り引き・抑うつ・受容という五つの段階を記述した[26]。これらの段階は、必ず隣りあい、ときには重なりあっているという。この過程と同時に、患者は最後まで一縷の「希望」をもちつづけており、彼女は「希望」について一章をさいて書いている。どれほど受容的な、現実直視的な患者でも、何らかの可能性をあきらめていないのであり、それが否認であっても、苦しみの合理化であっても、その希望によってつらい時期を励まされているという。したがって、家族や治療スタッフもまた、最後まで希望を捨ててはいけないということになる。

一方、日本の現状をみると、キュブラー゠ロスの五つの段階についての考えは広く受け入れられているが、この「希望」という観点については抜け落ちていることが多いのではないだろうか。それは、いくつかの末期患者に対する心理療法の報告を読めば、あたかも「死の受容」が望ましいことであり、人間の生の終わりかたとして価値の高いことのように考えられ、暗黙のうちに末期患者にそれを期待し、受容にまで至らせることができなかった場合には、心理療法の失敗であるかのように記述されているからである。

死を受容する人は受容するのがよいだろう。しかし、すべての患者が死を受容しなければならない、ということではない。過去に起こったことであれば、それを現実として受容することが必要になることもあるだろうが、訪れる死は過去ではなく不確定な未来に属することであり、どんな事態の変化が生じるかもしれないと思えるからである。ターミナルケアに関わる心理療法家が、希望という観点を忘れ、死の受容を無意識的にせよ心理的課題として押しつけることは、倫理的な見地から慎まねばならないのではないだろうか。人の死は個別的であり、心理療法家としては、その人その人の死に、希望を捨てずにつき従うことができるだけではないだろうか。

たとえば、不治を告げられても、自分だけには奇跡が起こるかもしれないという思いから闘う患者もいる。中島は次のように述べている。

……もはや「量より質」といえるだけの体力もなく、ひたすら肉体の苦しみに耐えている人に、精神的にも死との直面を強いるのは酷だと思う。……

……誰しも死が近づくほどに、この世への別れ惜しみの心が強まっていく。ただ、人それぞれ、それを外に見せるか見せないかの違いがあるだけのことであろう。一方では死から逃れられないことを感知しつつも、他方、明日を信じて闘うことで平常心で生きる日も持てる、そんな日々の中でこそ、真に尊厳ある生をまっとうできるのではないだろうか。……(27)

明日を信じて闘うこと、つまり希望をもつことで、平常心が得られるのである。体力が尽きれば、おのずと闘うこともできなくなる。そしてロウソクの灯が消えるかのように死んでいく。脳腫瘍で亡くなったある脳外科医の残した手記に、病状については医師としての知識と経験から十分わかったはずであろうが、「うそでもいいから大丈夫と言ってほしい」という患者の心理が述べられていた。それが、ごく自然な心境かもしれない。

人は精神的に健康に生きるために、たとえ幻想であっても、楽観的希望を手放すことはできないのである。生が残りわずかになったとしても、それは同じではないだろうか。

宗教的要求と自己実現

ここでは、宗教的要求と自己実現の関係について考えてみたい。まず宗教について、西谷啓治は以下のように述べている。

……宗教が何であるかといふことは外から理解することは出来ない。即ち、宗教的要求のみが宗教の何であるかを理解する鍵であり、それ以外には宗教を理解する道はない。……

……宗教は、他のあらゆるものが我々にとって必要であるといはれるその同じ生の段階では、決して必要でない。ただ他のあらゆるものが必要性を失ふところ、その効用性を発揮し得なくなるところ、其等がすべて役に立たなくなる生の段階に於て、初めて宗教が必要となり、生に於ける宗教の必然性が自覚されて来る。我々は果して何のためにあるか、我々自身の存在が、或いは人生といふものが、結局に於て無意味なのではないか、或いはもし何らかの意味や意義があるとすれば、それはどこにあるのか。さういふやうに、我々の存在の意味が疑問になり、我々にとって問ひとなると共に、宗教的要求が我々の内から生起して来る。その問ひも要求も、すべてを我々自身への関係から見また考へる我々のあり方が破られたところ、我々自身を中心とした生き方が覆へされたところから現れる。……

……通常の生活に於て必要であったものが、芸術や学問などをも含めて、すべて必要性を失って来るところ、役に立たなくなるところは、死とか虚無とか或は罪といふような、我々の生や存在や理想に対する根本的な否定を意味するもの、我々の存在から根拠を奪ひ、人生の意義を疑はしくする事態が、我々自身の切実な問題となって来る時である。例へば自分自身が病気その他で死に直面したやうな場合、或は自分に生甲斐を感ぜしめていたものが奪はれたような場合である。例へば自分の愛する人間を失ふとか、命をかけた仕事が挫折したとかで、人生の無意味が痛感されて来るやうな場合である。さういふ人にとっては、日常の生活で役に立っていた一切のものが役に立たなくなる。……(28)

また、宗教に現れる懐疑について次のように述べている。

……ここでは、自己と事物一切の根抵にリアルに潜む虚無がリアルに自己に現然し、その現然に於て自己と自己の存在そのものが事物一切の存在と共に、一個の疑問に化するのである。……その「疑」は、自己と世界との一つなる根抵である處から、一つのリアリティとして現れる。それが現れる時は、自己の意識や恣意では如何とも出来ない必然性の性格をもつて自己に現れて来る。そしてその自己への現然によって、自己が実在的に「疑」そのものになる。……(29)

このように宗教的懐疑は、「自他に於ける存在そのものに関しての根本的な疑ひ」であり、「世界に於ける人間の存在、自己の存在と他者の存在に関する根本的な不明白、そこから由来する苦悩」によって特徴づけられる。このような疑いのなかから、宗教的要求が生じるのだろう。

ところで、自己実現とは人生の意味の探求である。たとえ強い自我によって社会的成功をおさめた人であっても、自己とのつながりを失うと、生きる意味を喪失してしまう。大きな価値をおいていた物事が虚しく感じられるとき、心身の病いや挫折、家族の不幸など思いがけない出来事に見舞われるとき、つまり、それまでの自我中心的な価値観の転換を迫られるときに、自己実現の過程が始まる。このような不確実性と疑いのなかにおかれるため、自己実現の過程においては、宗教的要求が生じることが多い。

どんなに努力してもいかんともしがたいことがあると知るときに、宗教的要求が生じるのであるから、宗教は本来、人を傲慢から救い出してくれるものであろう。物事が順調に進んでいるあいだ、私たちは自分の力でそれをなしていると思い、宗教的要求を感じることさえできないのである。実際に、特定の信仰をもたない人でも、心理療法の過程で、夢や箱庭作品などに宗教的な象徴が現れることは多い。このことは、宗教的要求あるいは宗教的次元が、私たちのこころに本来的に備わっていることを示している。そのような要求は、平穏な時期には、こころの深層にあって意識されることさえないが、不安定になる変化期には強く感じられる。

ある家庭内暴力の子供は、親が「経済的に何でも満たしてやったのに、何が不足か」と問うたのに対して、「うちには宗教がない」と言い返したという。[30] その子供がどういう意味で言ったのかはわからないが、この言葉は、親にとって価値があるとみなされていたものと、子供のこころが要求していたものとのあいだに大きなギャップがあったことを示しているのではないだろうか。親は即物的次元に価値をおいているが、子供は宗教的次元で満たされることを求めていたのだろう。

このように、自己実現の過程では、現実の見かたが宗教的次元に対して開かれることになる。

第五章　こころの治療とはなにか

神話を生きること

いかなる治療体系においても、病気に対する説明が存在する。シャーマニズムでは社会的神話が与えられ、精神分析では個人的神話を過去から構成する。新興宗教においても、神話的説明が与えられる。これら「神話」の治療的意味とは何だろうか。

ハリソンは、すべての宗教は祭式と神話という二つの要素を含み、人間が宗教に関して「行うこと」が祭式であり、「考え、想像すること」が神話であるという[(1)]。かつて「神々というのは至る所どここにも潜んでいるはっきりしない諸々の威力」であったが、「人がそれら（の時、所、形など）を限定し、それらに明確な形態を与え、それらと固定した関係に入った時に、それらは本当の神々となる」。

つまり「諸々の『力』から様々の『人格』になった時、その時に初めてそれらは神話（体系）を持ちうる」という。ローマ時代の知識人ヴァルロは、「ローマ人はかれらの神々を聖像なしに崇拝した」「諸国民の間に造形美術を初めて取り入れた者たちは恐怖を取り去ると同時に虚偽を持ち込んだ」と述べている。このように、目に見えない力を人格化し形態を与えることによって、神話が成立し、虚偽をもちこむことによって恐怖が取り去られたのである。

レヴィ＝ストロースによれば、神話の機能は均衡状態の回復である。[2]「南北両アメリカの人々は、歴史と妥協し、さまざまな出来事によって引き起こされた現実での衝撃を緩和するような均衡状態を、体系の水準で再び樹立するためにのみ、神話を作り出した」。神話の目的は「矛盾を解くための論理的モデルの提供」にあるため、神話は「その誕生を促した知的衝撃が尽きるまで、螺旋状に発展する」という。[3] さらに彼は、このような「神話的思考の論理は、実証的思考の基礎をなす論理と同様に厳密なものであり、根本的にはあまり異なっていない」と述べている。

神話とは「動物と人間とがまだ互いに切り離されておらず、それぞれが宇宙に占める領域がまだはっきり区別されていなかった、非常に古い時代におこったことの物語」であり、「この太古の物語は、いろいろの事物がどのようにしてできたか、現在どうなっているか、将来どのような形で残るかということを説明」するため、「時間統合機能」をもち、「過去によって現在を説明し、現在によって未来を説明して、ある秩序が現れるとそれが永久に続くことを確認する」[4]。

またレヴィ＝ストロースは、精神分析的治療とシャーマニズム的治療を比較し、両者ともに、神話を再構成することによって、患者に神話を強度に生きさせると述べた[5]。前者においては「個人的神話を、患者がその過去から取られた諸要素を助けに構築する」のに対して、後者においては「社会的神話を、患者は外から受けとるのであって、これは個人の過去のある状態とは対応しない」。

……科学的説明とは異なり、問題は情緒や表象のような混乱した未組織の諸状態を客観的原因に結びつけることではなく、全体あるいは体系の形にそれらを組織することであって、（そしてその非連続性のゆえに意識に苦痛を与えるものでもある）状態の沈殿と凝集を可能にする限りで有効である。……

……シャーマンの神話が客観的現実に照応しないということは、大したことではない。患者はその神話を信じており、それを信ずる社会の一員である。……

……患者が受けいれないのは、辻褄の合わない気まぐれな苦痛であり、こうした苦痛は、その体系と無縁な要素を構成するけれども、シャーマンは神話に訴えて、すべてが相互に関連しあう全体の中へ、これを置きもどす。……

つまり、シャーマンが与える神話は、言い表しようのない苦痛や不安に象徴的な言葉を与えることによって、出来事を世界観の体系のなかに位置づけるのである。また精神分析治療においても、想起される状況が現実であるかどうかではなく、それが神話のかたちで直接体験され、適当な心理的・歴史的・社会的文脈のなかで、あらかじめ存在する構造の鋳型のもとで組織化されることが、治療的意味をもつという。

ウィトゲンシュタインも、フロイトによって与えられる解釈は、証拠に基づくものではなく、多くの人々が受け入れたくなるような神話的説明であり、新しい神話を提供しているのだという。[6]

……分析は害を及ぼしやすい。なぜなら、その過程でひとは自分自身についてさまざまなことを発見するだろうけれども、提示され、あるいは押しつけられた神話を認識して、これを見通すためには、非常に強力かつ鋭敏で頑強な批判力をもたなくてはならないからである。「もちろん、そのとおり、そうであるに違いない」と言いたくなる誘因があるのである。強力な神話である。……

また宗教においては、信者のさまざまな不幸や苦難に対して、教義に沿った説明が与えられる。その一例として、新宗教の中山身語正宗における病気治療では、教義に沿った病因の説明と、お座と行を実践するといった対処法が与えられる。石井は次のように述べている。

……信者が中山身語正宗に病気の治療を託すのは、多くの場合、治る可能性が少しでもあるならその治療を試みたい、とか、精一杯の治療をして悔いの残らないようにしたいといったような、極限状態に置かれていることが前提であるとはいえ、中山身語正宗のもつ医療体系は信者たちの病いを治すというよりは、病人や家族に「病気は治った」と思わせるところに、そしてまた、病気を治すために家族が極限と思うまでに病人のために何かを行う機会や行為の様式を指示するところにその真髄がある。さらに、不幸にして

病人が死に至った場合は、それをまわりの者が受容できるよう促すところに特色がある。……(7)

このように、病因の説明と対処法が与えられるため、それを信じて実践することによって家族は癒されるのである。しかし最初の説明の段階で、相談者が説明を受け入れられずに憤慨して帰ってしまうこともあるという。伝統社会とは異なり、すべての人々が共通の神話的説明を受け入れられるわけではなく、説明を受け入れるためには、それが相談者のもつ信念体系と合致していなければならない。

また、複数の説明を与えられ、それらをすべて受け入れてしまう場合もある。たとえば、ある分裂病の女性が、物音や声に悩まされて六カ所もの祈禱師を回り、いろいろな物語を与えられ、そのどれもが可能性のあることとして膨らんでいった例もある。(8) 彼女は、ヘビが憑いていると言われればヘビに関する記憶や出来事を想起し、キツネが憑いていると言われればさまざまな経験をキツネ憑きのせいだと考えるというように、病いの原因を与えられることが、秩序づけではなく、病いをより繁殖させる方向にはたらいたという。

この女性のように自我が弱い場合、説明を与えられることで、秩序を回復するよりもさらなる混沌が生じている。したがって前述のように、自己の信念体系に合わない説明を与えられ、最初から拒絶反応が生じる場合と、無批判に説明によって自我が侵襲される場合とが両極にあり、いずれも治療効果をもたないことがわかる。

ある神話的説明を与えられ、それを受け入れ信じようと判断するときにのみ、秩序は回復される。しかしながら、秩序の回復がすなわち良いことであるともいえないだろう。なぜなら、人は苦しいときにはどのような説明にもすがろうとするものであり、秩序を得ることによって、思考や生の多様性を犠牲にする可能性もあるからである。

病いの意味／病いの物語

病いを受け入れ、それに耐えるためには、意味づけが必要であり、その意味づけにそった自己の物語が必要になる。テイラーは、乳ガンにかかった女性たちが、現状に何らかの意味づけを行い、病気をコントロールしようとすることで、自分の置かれた状況を改善しようとしたと述べている[9]。ほぼ全員が、自分がなぜ乳ガンになったかという理論を作り上げ、その推論によって秩序感覚を得ていた。原因を正確に知ることはできないので、それは幻想にすぎないのだが、患者が病気を受け入れるのに役立っていたという。ここに、主体的な意味づけの有益性が示されている。

病いの意味については波平が次のように記述している。

……病気は多様な方法で意味づけされていると考えられる。なぜ、病気はこれほど豊かに意味づけされているのか。大きな理由は、病気は誰にでも起りうる、その点では日常的な現象であるが、病気になった本人や近縁の人々にとっては苦痛で不幸な現象であり、病気に耐えるためにそれにさまざまな意味づけをすることであろう。病気が自分にとって何か「意味のあるもの」となった時、自分の生存を脅かす病気を耐え忍ぶことができる。病気に対処するのに、もっぱら技術的であるのは、病気が軽かったり、短期間である場合である。頻繁だったり長期に及ぶと、病気にさまざまな意味づけを与え、治療方法も技術的なものから儀礼的要素が加わったものへ移行してゆく。これは程度の差こそあれ、未開社会や伝統的社会と呼ばれるような社会も、われわれが住む産業社会も同じである。……

……医学の発達は「どのように」病気になるかをより詳細により明確にしてくれるであろうが、それは「なぜ」という疑問には答えてくれない。未開社会や伝統的社会では「どのようにして病気になったのか」と「なぜ病気になったのか」の双方の説明を持つことが多い。しかし医学が発達したわれわれの社会では、「どのように」が「なぜ」を圧倒している、ないしは、「なぜ」という疑問は建て前としては問われないことになっている。[10] 産業化された社会は「なぜ」に答える文化的要素（たとえば信仰）を失いつつあるのだとも言える。……

またターナーが観察し分析したアフリカのンデンブ族の治療儀礼からは、[11]「ンデンブの人々は、病気は本来的な関係や状態の乱れ、あるいは社会関係における矛盾の現われであるという意味づけをしていることが明らかである。あるいはまた、病気を契機として、それらの再確認を儀礼(治療行為)を通して行うことは、病気は個人の危機だけではなく、集団内の社会関係や価値観の危機であるという認識が存在することも示している」と述べられている[12]。

このように、産業化された社会では伝統的社会と異なり、「どのようにして」病気になったかへの答えは与えられても、「なぜ」病気になったかへの答えは文化的に与えられていないために、個人がそれを見いださねばならない。また、病気を社会関係の乱れとして意味づけず、本人あるいは親といった個人に原因が求められる。このことは、個人を孤立させ、過大な負担を強いるであろう。

たとえば現代の生命倫理学において「パーソン論」あるいは「人格論」とよばれる議論がある。それは、「人格」であるためには「自己意識がある」という条件が必要であり、その条件を満たさないものの死を引き起こすことは許されるという理由で、人工妊娠中絶をはじめとして、重度の障害新生児の治療停止や安楽死、脳死状態の患者に対する延命治療の中止を正当化する論理である。

このパーソン論に対して浜野は三つの問題点を指摘している[13]。それはつまり、「人間を他のさまざまな存在とのつながり、ないし関係の相の下に見ない、いわば原子論的な人間理解」であること、「他のさまざまな存在との相互作用を含んだつながりの中で変化の軌跡を描く、人間の動的なあり方にたいする十分な考慮を妨げる人間理解、その意味できわめて静的な人間理解」であること、「精神と肉体を分離し、前者の優位を受け入れる悪しき二元論的人間理解」であること。これらのもつ問題点は、現代の医療、そして心理療法の領域においても、反省を促すものではないだろうか。浜野は次のように述べている。

個人の生は、したがってその人の人生の物語も、他のさまざまな物語からまったく独立に存在しているのではない。その人を取り巻く家庭や国家等のさまざまな集団の物語は、一方においてその人の物語の背景をなすものとして機能しつつ、他方では、その人の物語をそのサブ・プロットとしてもつ、より大きな物語を構成している。そして個人の物語とその人を取り巻く集団の物語は、互いに相手を包含し合いつつ、相互に作用を及ぼし合っているのである。すなわち、個人の物語の新たな展開がより大きな物語の変化を引き起こしうるし、また逆も真なのである。

このように個人の物語は、周りの人々の物語と影響しあっている。個人の物語は、他者からの押しつけ、借り物であったり、他者の物語と対立していることもある。したがって心理療法においては、個人の物語にのみ注目するのでなく、その人をとりまくさまざまな人々の物語にも思いを馳せることが必要となるだろう。

日常生活に支障をきたすような心身の病いになること、それが長期に及ぶことは、社会的人格の成熟、社会適応という観点からみて、大きなハンディになることは否定できない。しかし、当人が、病気になる前と同じ尺度でしか自分を測れないとしたら、そのマイナスを挽回するために大きな成果を性急に求めようとして、結局のところ失敗することにもなりかねない。

そこで、現実の社会生活における喪失を悲しみながらも、それまでとは異なる次元で新たな価値や意味を見いだすことが必要になる。それは多くの人々にとって、病いになることによってしか見えない価値であり、宗教的な領域に関わる事柄である。

こうして確かに意味のあるものを得られるのだが、それが大きな犠牲を払ったうえでの収穫であることを忘れてはならないだろう。病いの意味は、クライエントみずからが見いだすものであって、けっして治療者が押しつけることはできない。

自己とは社会的関係である

自己実現と社会適応とは、はたして対立するものなのだろうか。またユングは、人生の前半で強い自我を確立したうえで、人生の後半で自我と自己との対決によって個性化の過程が進むと考えたが、このように、自我の強化と自己実現とはまったく独立に進行するのだろうか。

ユングは、他者との関係と切り離された自己実現はありえず、自己実現には他者との関係の変容が伴うといっている。

個性化過程には原則として二つの面がある。一つは内的主観的な統合過程であり、もう一つはこれと同様に不可欠な、(他者と)関係をもつという客観的な過程である。二つの過程は、そのときどきでどちらかが前面に出るとはいえ、どちらか片方が欠けると止まってしまう。(14)

ユングはあるとき「ここにおられるすべてのひと、皆さんが私の自己です」と言った。そのように、さまざまな人の自己は個々に切り離されているのではなく、相互に関連し影響しあっている。私個人のこころやたましいと名づけているものは、そのような共通の背景から切り取られた断片にすぎない。だから自己実現も、内面だけで進行するのではなく、必ず外界の人々や事象との関係のなかで生起するのである。

また、自己について知るには、客観的関係が必要である。自己を定位するためには、他者の適切な反応が必要だからである。

たとえば社会的ひきこもりの人は、他者との関係で傷つくこと、失敗することを恐れて、自宅に閉じこもる。斎藤によれば、ひきこもりの青年は「自分の顔しか映し出すことのない、からっぽの鏡」しかもたないために、客観的な像を結ばず、「唐突に『力と可能性に満ちあふれた自分』という万能的イメージが浮かび上がるかと思えば、それは突然かき消えて、今度は『何の価値もない、生きていてもしょうがない人間』という惨めなイメージに打ちのめされる」[15]。そして、このように極端な自己イメージのあいだを揺れ動くのは、自己愛を維持するための「他人という鏡」がないからであるという。部屋に閉じこもって自己について考えても、さまざまなイメージが乱反射して定まらない。誇大な自己のイメージは、空想の世界のなかで、あるいは共依存の母親をその世界の住人として支配することで成立しているが、それ以外の現実的基盤をもたないために、ささいなきっかけで崩れてしまう。

人が自分自身を客観的に評価することは難しい。アイデンティティの確立においても、進路や職業の選択が課題になるが、思い描いていたイメージと、実際にできることは違うのであり、なにかを行ってみて他者の評価に委ねなければ、自分の適性や能力を判断することは不可能だろう。ひきこもりの人は、実際に行ってみて否定的評価を下されることに耐えられず、万能的自己像にしがみつく。このような非現実的な自己像を温存するためには、他者による現実的検証を避けつづけねばならず、そのためにひきこもりが長期化することになる。そして、ひきこもりが長期化すればするほど、他者との関わりがいっそう恐くなるという悪循環に陥る。

最近では、さまざまな心身の疾患の人に、誇大自己を手放したくないためにひきこもる傾向がみられる。自己を知ることは、現実の外的世界との関係において、思い描いていた自己のイメージや願望を断念する痛みや悲しみを伴う。この痛みに耐えられないために、外界に背を向け続ける人々が増えているように思われる。

このように、自己を知るには、社会的関係のなかで自己を対象化して見ることが必要である。外から切り離された内界のファンタジーだけを見ることは、かえって自己を見失わせることになるだろう。

ところで、自己実現に客観的関係の過程が必要であるとすると、自己実現と社会適応とを対立的にとらえることはできないのではないだろうか。

自己実現とは、古い自我の体制を破壊して、新たな自己との結合を取り戻す過程である。この古い自我の破壊は、いままでの職業生活、家庭生活、人間関係の破壊であったり、価値観の破壊であったり、こころの安定や秩序の破壊でありうる。

それは心理的な危機であり、社会適応的にはマイナスになりうるから、社会適応か自己実現かという対立的なとらえかたをされてきた。しかしそれは一時的な危機であり、人が本来もっている自己治癒力や破壊からの修復力によって、時とともに新たなかたちで社会的関係を回復するのではないだろうか。内界の再構成は、必ず外界の再構成を伴うからである。

生きる意味――いつ、だれにとっての？

先に紹介したように、ユングは、人生の前半で強い自我を確立したうえで、後半にその自我と自己との対決によって個性化の過程が進むと考えた。それは社会的に充分適応した人にとっての、生きる意味の問題であった。このようなユングの考えは、個性化が選ばれた人のためのものであることを示唆しているとして、また、個性化は人生の後半のみではなくどの時点においても起こるという理由で、ポスト・ユンギアンによって批判されている(16)。

生きる意味の問題は、人生のどの時点においても生じるのであり、社会的に適応している人よりも、社会適応の困難な人にとって、きわめて切実な問題として浮かび上がるのではないだろうか。重い症状に長いあいだ苦しんでいる人にとって、何らかのかたちで社会に居場所を見つけられなければ、内面の変化だけで治癒に至ることは難しい。

たとえば河合は、現在の多くの若者たちが、ユングのいう人生の前半の問題と後半の問題の両方を課題として背負っていることを指摘している。

……ここに現在の青年たちの大きい苦悩があると思われる。人生の前半の課題にのみ取り組める者はいいが、後半の課題についてふと意識する。しかし、後者の問題を明確に把握したり、それと直面したりするにはいまだ能力が無さすぎる。このようなときは、その青年は何かに熱中することが非常に難しくなる。あるいは、人生前半の仕事を、他の人々と同じようには評価できないので、それに力を尽くすことができない。彼はいきおい無為になったり、無気力になったりせざるをえない。(17)

しかし、現在の青年が両方の課題を背負っているというよりは、そもそも自我の確立と自己実現は分けて考えられないものであり、両者を分けて、まず自我の強化のみを考えようとしたところに問題があったのかもしれない。

ノイマンは、発達における自我 - 自己軸を考え、自己に支えられないために防衛的に硬直化した自我の脆弱性を指摘した。(18)このような状態に陥っている人々は、一見自我が強いようにみえるが、知的能力は高いにもかかわらず、社会的にそれを実現できないことが多い。このことは、本人にとって大きな不幸として感じられるだろう。自己に支えられない自我は弱いが、自我の確立あるいは社会適応——社会的成功とは限らない——に支えられない自己実現もありえないだろう。社会的居場所の確保は、自我の問題にとどまらず、自己の生存の問題であると思われる。

成熟とは「社会的な存在としての自分の位置づけについての安定したイメージ」を獲得すること

である。[19] 人が社会的な存在である以上、社会的な役割、居場所、他者との関係を抜きにして自己を定位することはできない。居場所を見いだせないために、あるいは失ったために精神状態が悪化した人、適切な居場所を見いだせたために長い症状の苦しみから解放された人の多さを思うと、自己実現が社会適応と対立するものとは考えにくい。むしろ、その人の自己が何らかの社会的なかたちで表れたものが社会適応であり、それがまた自己実現を助ける、という相互作用があると考えられる。

内界と外界

どのような内面的変化も、おのずと外なるかたちをとり、外に表現を求めるものであろう。逆に、どんなに内的に変容の機が熟していても、外界で適切な事物や人と出会わなければ、人格変化は現実のものとはならない。実際、友人・恋人など、治療者以外の重要な人物との出会いが、治療の成否を決定することは多い。

治療関係は、転移や幻想のいりまじる特殊な人間関係であり、治療者は日常的人間関係にはみられないほど受容や共感や忍耐をこころがけるから、人間関係が治療者とのあいだに限定されるようになると、治療嗜癖が生じる危険がある。

松本によれば、ある離人症の女性は三十七年間にわたる治療経過のなかで、食堂の手伝いやクリーニングの取次店の仕事との出会いという「僥倖」によって、時間の流れに乗っていくことができ、離人症が薄らいだという。[20] また、分裂病者においても、老親の介護や一見慎ましやかな趣味を「仕事のように」続けていくなかで安定していく人たちがいて、「仕事を通して何らかの役割を獲得し、世界への親しさを身につけていく症例」が存在することが強調されている。この場合、外に勤めに出て収入を得ることだけが「仕事」ではないということに注意を促したい。

したがって、社会適応の問題や外的な人間関係の問題を治療で扱うからといって、それが自我の強化の問題であって自己からは隔たったものであるとはいえない。また逆に、内面的な話題に終始することが、こころの表面をなぞるだけの遊びに堕して、自己の問題を避けるための手段になっているということもありうる。内面的なテーマの重視が、自己に直面することからの逃避になっているのに、内面的な話題を好む治療者が、このような傾向に加担していることも少なくない。たとえば夢などの無意識の産物を扱うからといって「深い」治療であるとは限らない。一見、日常生活の煩瑣な悩みや具体的な生活の方法の話をしていても、それが自己実現に深く関わる問題であることもある。

河合はこの「深さ」に関連して次のように述べている。

……実際の個々の例について言えば、これらの層は常に入り組んでいるし、当人が意識的に取りあげる問題が必ずしも、本来的なものとは限らないということもあって、実際的には簡単にゆかぬことが多い。たとえば、人間にとって死とは何か、などという極めて実存的な問題をもって学生相談所を訪れてきた学生が、恋人ができるとそのようなことはすぐに忘れ去ってしまうこともあるし、アルコール依存で、ともかく酒をやめたいと言ってきた人が極めて宗教的な問題に直面してゆくこともある。性の問題に悩んで来談した人が、深い宗教的体験に至ることもあれば、宗教的な問題に悩んでいる人が、実は性の問題に直面しなくてはならぬこともある。[21]

青年期や病態水準の重い人の治療において、自我の強化をめざすというときに、それがすなわち自己実現の過程であることを忘れてはならないだろう。ユングのいうように人生の前半に自我を強化し、後半に自己との対決が生じるということではなく、両者は互いに支えあっていると思われる。しかしこの考えはけっして、外的事象をそのまま内的事象として扱うことを意味しない。

森が指摘しているように、[22]ユング心理学においては、個性化という至上の「目的」によって、あらゆる外的事象が内的なこころの問題として扱われ、副次的なものとみなされ、すべての行為が正当化される傾向がある。そのため、外的問題に対する責任感が希薄になり、「極端な内的耽溺」や「外的状況を顧慮しないままの内界至上主義」を生むことがある。ここに、個性化過程を歩むのは選ばれた者であるという特別意識が加われば、他者との関係で倫理的問題が生じる危険はいっそう高まると思われる。はたしてそれが、あるべき個性化のすがたなのだろうか。

ささやかな「わたしの仕事」――与えること

日々こころを打ち込めるささやかな「仕事」――たとえば治療を受けている人であれば治療努力であったり、動物や植物の世話であったり――があること、人になにかを与えること、人に必要とされること、などの社会的関係によって自己は支えられているのであって、存在しているだけで価値があるなどと自分で思うのは不可能に近いだろう。ただし、ここで「人に与える」というのは、お金やモノといった目に見えるかたちのものではなく、人のたましいを喜ばせるなにかを与えることであり、社会的な成功や達成が必要なわけではけっしてない。それは、寝たきりの老いや病いのなかにあっても、あるいは死んだ後にも与えられる何かなのである。

近年、必要とされることを必要とする「共依存」が、対人関係への病理的な依存として問題視されている。そこでは、必要とされることを必要とする自分自身の要求によって他人の自立を妨げ自由を束縛する自己中心性に問題があるのであって、「必要とされることを必要とする」ことじたいは、人間としてきわめて自然なありかたではないだろうか。このことは、もし誰からも必要とされなくなっても生きる意欲を持ちつづけられるかどうか？　と少し自問してみればわかるだろう。他人の要求を踏みにじってまで必要とされることを必要とする人が多いということは、逆に、この要求がきわめて強いものであることを示していると思われる。

サールズは「人間の情緒的潜在力として生来備わり、生後数ヶ月で芽生えるものは、本質的に治療的な欲動である」と述べ、患者においてはこの「治療的欲動」が発達的に歪められているので、患者の病気が重いほど、治療者に対して患者が治療者としての能力を発揮することで治癒へ向かうと述べている。[23]また、治療の転回点においては、治療者とクライエントの役割の逆転が見られることがしばしばある。

分裂病の初老期軽快において、「介護される立場から介護する立場へ」のベクトルの変換が生じていることも、[24]治癒における「与えること」の重要性を物語っていると思われる。ひきこもりや境界例からの回復の契機にも、親の病気や老化、治療者の限界を認識することなど、一方的に依存する立場からの脱却がみられる。治療者はつい、なにかをしてあげたいと思いがちであるが、クライエントにとって、与えられる立場にいつづけるのは、治癒から最も遠いことかもしれない。

「存在すること」は、「行うこと」に必ず表され、その「行うこと」によって基礎づけられる。もっぱら内向していた心的エネルギーを外的対象に向かって注げるようになったときにこそ、人格変化が生じるのではないだろうか。介護や看病などの自己犠牲を強いられる仕事であっても、結果によらず、また、後で抑うつ状態に陥ることがあっても、それに打ち込む過程そのものが治療的なのである。

「治療的」とは、一般に考えられているように、単にこころがなごむというような性質のものではない。その最中にはただ苦しみながら必死で取り組んでいたようなこと、それが後から振り返ってみれば、結果的にこころを癒していたと思える。

作業そのものがもつ治癒力への評価は、たとえば森田療法における作業の重視や、病院での作業療法に現れている。しかし山中が述べているように、誰にでもできる作業療法では、「これは自分がしたことだ」という充実感が得られない[25]。ささやかではあっても、自分が必要とされ、自分がそれをしていると感じられる作業が、その人にとっての「仕事」であり、その仕事こそが治癒へと導いてくれるのである。「わたしの仕事」が、世界での居場所を与え、自分が存在することの確かさを感じさせてくれるのではないだろうか。このことは、たとえばスチューデントアパシーにみられるように、多芸・多才・多趣味であることが、大地に足を根づかせないことからも明らかであろう。たしかに、なにもしなくてただ存在を受け容れられるだけで治るように見えることもあるが、それは、治療の全体の流れからみれば最初のほんのひとこまにすぎない。

治療という現実

第六章　二つのこころが出会うとき——転移と逆転移

治療者のおちいりやすい状態

心理療法においては、治療者の依って立つ理論的枠組みによって「治癒」像が異なり、そこに至る方法も異なる。そのため学会などで、異なる立場の治療者どうしが互いに相手の立場を認めずに自分の考えを押しつけ、不毛と思えるような感情的批判を繰り広げるのを見かけることが多い。ここで問題なのは、自分の信奉する立場を絶対視し、さまざまな立場のなかでの位置づけや相対化がなされていないことである。土居は次のように述べている。

……治療者は熱心であると同時に、どこまでも科学的な懐疑心を失ってはならない。懐疑は研究にとってばかりでなく、治療にとっても必要である。しかもその懐疑を必ずしも患者の眼から隠す必要はないのであって、場合によっては積極的に患者に治療者の懐疑を知らせることが必要になるほどである。治療者が自分の行なう治療の正しさを信じながら、なおかつその成果についての懐疑を自己に許すだけの精神の自由を持ち得た時、はじめてその精神療法は真の治療効果を発揮できるのである。……(1)

実際には、いったんある方法を正しいと信じると、「その成果についての懐疑を自己に許すだけの精神の自由」を失ってしまうことが多いようだ。こうして、どの治療者も自分が正しいと思った方法を選ぶわけであるが、その方法が治療プロセスに影響を及ぼすのは避けがたい。

いわゆる「深い」治療や「自己実現」を好む治療者にとっては、行動面や比較的こころの浅いレベルにはたらきかける治療、「社会適応」を目指す治療は、心情的に許せないようで、「これは本当の治癒ではない」とか「相手が治療者に合わせてくれた」などと非難することがよくある。

そこで次のような疑問が生じる。

第一に、本当の治癒とは何か?

第二に、治療者に合わせていないクライエントはいるか?

そもそも「治癒」のイメージが学派や立場によって異なるわけだから、それぞれが「本当の」治癒像を押しつけて非難しあうことに、建設的な意義は認められない。

クライエントがある程度、生きるのがらくになって満足して終結しているのに、「表面的には適応しているが、まだ、やり残したことがいっぱいある」などと批判するのは、治療者の幼児的万能感のあらわれであろう。人生の問題の何もかもを、ひとりの治療者が一度の治療で解決できるとでもいうのだろうか。さまざまな問題をかかえながらも、何とか生きているのが一般的な人間であろう。

仮に「本当の治癒」というものがあるとして、治療者自身、その「本当の治癒」に至っているのだろうか(答えは否であろう)。あれもこれも徹底的に片づけねば気がすまないというのは、治療者の陥りやすい自我肥大である。こういう治療者なら、治療のプロセスが自分好みの劇的な展開をとらなかったり、無意識的内容が豊かに表現されない場合、退屈したり、クライエントへの不満や怒りがこみあげてくるかもしれない。――このような治療者の自己中心性による欲求不満から生じる感情を、はたして逆転移と呼べるのだろうか。

それでは次に、「治療者に合わせていないクライエントはいるか」という問題について考えてみたい。

おなじクライエントでも、どのような立場の治療者と出会うかによって、また、おなじ学派のなかでもどの治療者と出会うかによって、異なった治療のプロセスが生じることは、誰もが認めるだろう。また逆に、ひとりの治療者のいくつかの事例報告を聞くと、どの事例の治療過程にもその治療者の能力と個性が反映されていることがわかる。このことは、治療者がクライエントに合わせるのと同程度かそれ以上に、クライエントが治療者に合わせて治療を進めていることを示している。心理療法が治療者とクライエントの共同作業であることを思うとき、治療が両者にとって適合的な点でバランスをとって進んでいくという側面は否定できない。

いつも「深い」治療をする治療者が、「自分に会ったから、こんな展開になったが、他の治療者に会っていたら、ここまでクライエントにとって苦しい道を歩ませることにならなかっただろう。自分に会ったために、大きい犠牲を払わせたことを、申しわけなく思う」と言うのをときどき聞く。また、治療者によって、そこに集まるクライエントの病態水準の範囲がだいたい決まってくるともいわれる。こういったことも、クライエントが治療者の能力に合わせて「この治療者ならここまでやっても大丈夫だろう」と判断していることを示している。

クライエントは、一目で治療者の能力をだいたい見抜き、その後、弱点やコンプレックスも見抜き、治療者の許容できる範囲内で、治療という共同作業にコミットしてくれる。クライエントのこのような能力を過小評価することはできない。これは、クライエントの健康さのあらわれでもある。そして治療者がクライエントの病理をかかえきれないときには、行動化などによってそのことを伝えようとする。それでもだめなときは、「この治療者には無理だ」と見限って、治療を中断して去って行く。

治療がうまくいかず、クライエントが頻繁に行動化をおこすとき、治療者自身の対応に失敗がなかったかどうかを検証するよりさきに、クライエントに対して「人格障害」という診断を下し、すべてをクライエントの病理のせいにして、治療者には責任がないと割り切ってしまうのも、治療者の陥りやすい状態である。そうすることで、治療努力を放棄する自分を正当化できる。

治療者は自分の無力さに打ちのめされ、治療者の自己愛をとことん傷つけるクライエントに怒りと失望を感じながらも、職業的倫理感からそのような感情を抑圧する。こうした葛藤状態にある治療者にとって、人格障害という診断名を使って割り切ってしまうのは、便利な解決法であろう。——このような事態も、治療者の逆転移と呼べるのだろうか。

逆転移という言葉は、曖昧なままに使われることが多いが、フォーダムが「幻想的逆転移」と「同調的逆転移」を区別し(2)、ラッカーが「逆転移神経症」と「逆転移そのもの」(これには融和型逆転移と補足型逆転移がある)を区別したように(3)、厳密な定義づけが必要である。

治療過程における逆転移として、治療者が激しい神経症症状や身体症状に悩まされたという報告がときどきなされる。もしそうなら、そのような反応がどのように治療に生かされ、どのような結果を導いたのかが重要であるのに、あたかもそのような症状を呈していることじたい、「深い」治療の証明であるかのように自慢げに語られたり、治療者が苦しんだことが「美談」のように語られるのを見ると、ここにも治療者のはまりやすい陥穽があるように感じられる。

そもそも心理療法を志す人には、自分自身が病んでいるという自覚があり、他者を癒すことが自己治療につながっていることが多いと思われる。事例報告で治療者が感動のあまり涙を流す場面をしばしば見かけるが、これは治療者自身が癒されていることを示しているだろう。たとえば私も、自閉症の子供が癒されていくことに大きな喜びを感じるが、それは自分自身のなかにある「自閉症」的な部分が癒されるからだろうと思う。

サールズも「患者には治療者を治療しようとする欲動がある」と述べているが、[4]このような側面を看過することはできないし、それを自覚することが治療者を謙虚にしてくれる。そうすれば、心理療法家であることをあたかも他の仕事とは違う「特別な仕事」であるかのように話したり、心理療法家になったことを「運命論的」に語るような、しばしば見かける論調を防げるのではないだろうか。

クライエントからの配慮

サミュエルズによれば、患者は分析の初めの段階ですでに「分析家がどの程度の力量の持ち主か、彼が何を与えることができるか、何らかの陰性転移が避けられないとすれば、彼の弱さはどういうものであろうか」ということを吟味しているという。[5] そうした、治療者の弱点を見抜くクライエントの能力についてユングは次のように述べている。

……アナリストが自分の無意識と客観的に接触し続けていないと、患者がアナリストの無意識に落ちこまないという保証はありません。アナリストの弱い点や、傷つきやすいところを、悪魔的な巧妙さをもって見つけ出す患者さんを恐らくご存じのことと思います。患者はアナリストのそういったところに、自分自身の無意識を投影させようとします。……いつもアナリストの弱いところを捜し出すのです。アナリストの中に入り込むとしたら、いつの場合もまさしく無防備なところから侵入するのです。そこはアナリスト自身気づいていない無意識の場所であって、患者と全く同じ投影をしがちなところです。そこで関与の状態が生じるのです。あるいはもっと厳密に言えば、相互的無意識を通して個人的な混交の状態が生じるのです。……[6]

教育分析を受けた経験のある人なら、被分析者がいかに分析家に合わせ、気をつかい、分析家の苦手そうな話題を避け、弱点やコンプレックスに触れないように配慮するかを知っているだろう。おそらく外国でも訓練生は資格をとるために教育分析家に対してさまざまな配慮をするだろうが、日本のように教育分析家が同じ学会に属する大学教師であることが多いと、社会的関係によっていっそう気をつかってしまう。

教育分析は、純粋な「治療」関係に近づくほど、それを実際に体験することが「教育」的なのであって、雑多な心理的要因が絡むと、非‐治療的となり、したがって非‐教育的となる。すると結果的に、教育分析を受けても分析家が育ちにくくなると思われる。また、このような権力構造によって、教育分析家が教育分析から学ぶものも減ってしまうだろう。

自宅開業の分析家に対してなら、被分析者はしばしば、分析家の家庭内の状況まで察知してしまう。患者の無意識内容が分析家の家族に伝わった例をユングはあげているが[7]、そのようなことが生じるのなら、分析家の家族の無意識内容が被分析者に伝わることも充分に考えられることである。分析家はこのことに、特に自覚的でなければならない。さもなければ、家庭内の問題に被分析者を巻き込み、被分析者をひどく傷つける危険さえあるからである。

被分析者によっては、分析家への愛情と配慮から、分析家自身が解決すべき問題まで背負ってしまうこともある。治療者を癒すことでクライエントが癒されるのは事実であるとしても、治療者がクライエントへの依存欲求にあまりにも無自覚だと、クライエントにとってそれは負担となり、不当だと感じて、「料金を支払っていて、治療してほしいのは、わたしだ」という不満が生じるのも当然である。

あるいはシュワルツ‐サラントによれば、男性分析家と女性患者との性的行動化は、「男性の分析家が女性のディオニュソス的エネルギーを感じ、無意識的にそのエネルギーによる救いを欲した結果」だという。(8) つまり、治療者のほうが患者に救いを求めているのである。

しかし倫理的見地から、治療者はけっして自分自身の問題のためにクライエントを利用してはならない。治療者からの「誘惑」と感じられる言動は、「拒絶」よりもクライエントを混乱させる。「拒絶」ならば怒りで反応することもできるから、クライエントの自我はそれほど脅かされないだろう。ところが、治療者に依存しており、さらに恋愛性転移が生じている場合に、治療者からの「誘惑」を断れるクライエントがどれくらいいるだろうか。一見、誘惑されて喜んでいるようにみえても、それは表面的な反応であって、ほんとうにクライエントが望んでいることではないのである。

辛抱強さとしがみつき

たとえば境界例の人には、他人に合わせすぎる傾向がある。もともと親に合わせすぎ、振り回されすぎて、自分というものが育っていない。そのため、極端に未熟なところと、常に人に合わせ配慮してしまう大人びたところとを併せもっている。もちろん治療者に対しても「配慮の人」となる。

これは、境界例の人が衝動的で行動化しやすいという印象と合わないかもしれない。しかし実際には、治療者の前で「よい子」であり、治療者に配慮しすぎて自分を出せない結果、不満とイライラがつのり、なにかモヤモヤして行動化してしまうのである。直接に治療者へ不満を述べられないから、行動化によってそれを伝えようとしているのに、治療者が「やれやれ」「うんざりする」「またか」という受けとめかたしかできないため、クライエントの気持が伝わらず悪循環となる。

境界例の人は、自分自身に対する親の対応の失敗に耐えて許してきたように、治療者の失敗にも耐える辛抱強さをもっている。「メンタルなことでは、よほどのことがないと『痛い』と言わない」「治療者に対して、どれだけつらい思いに耐えてきたことか……」と言う境界例のクライエントがいたが、このように、治療者に忍耐していることの無理が行動化を生んでいるのである。また治療者の側でも、クライエントの大人びた配慮的側面に依存していないともいえない。

私が精神科医と協力してカウンセリングを行った経験からすると、精神科医の忙しさに配慮して「お忙しそうですから、わたしは短い時間でもかまいませんよ」と、こころにもない（ほんとうはそこで引き止めたり、謝罪してほしいのだ）ことを言ったあとで、診察室以外のところで行動化するのが、境界例の人である。つつがなく面接を終えて普段通りに診察室を出た後で、不満がこみあげてくるのである。それなら診察室でそれをぶつければいいようなものだが、言いたいことをその場では呑みこんでしまう、あるいは意識さえできない（あとになってわかることは多い）ことが病理なのであり、それを言葉で表現できるようになることが、長くかかる治療の目標である。

突然の感情の爆発にみえるもの、衝動コントロールの欠如にみえるものの背後には、治療者の共感の欠如がある。治療者が境界例の人の感情を、代わりに言葉にして返すことができれば、このような行動をかなり防げる。だから、ゆったりした面接時間を確保できなければ人格障害の治療は困難であり、逆に、それができていない現在の医療体制が、病理を開花させる一因になっているともいえる。

外的事情によって面接にかける時間を変えられることも、境界例の人にはかなりつらいことだろう。また、精神科の外来治療では非常に長く待たされるのが慣例であるが、これも病理の重い人にとっては苦しいことである。長く待たされることは、病者としてのアイデンティティを深く浸透させ、「診察してくれる」先生と「診察を受ける」患者という分裂を強化する。

投影と現実的基礎

境界例の人が否定的感情に対する耐性が高く、辛抱して関係を続けようとする（しがみつこうとする）のに対して、この耐性が著しく低いために人間関係が長続きしない人がいる。少しでも失望すると、すぐに関係を断ち切ってしまうのである。現実の他者が自分の理想通りに行動することはありえないことであるが、治療者から「投影の引き戻し」ができず、たった一度の失敗でも否定的感情が圧倒的になり、治療を中断しようとする。

投影の引き戻しは、いわゆる部分対象から全体対象への移行、妄想・分裂的ポジションから抑うつ的ポジションへの移行によって可能になる。そしてクラインによれば、「愛する能力」の基礎は、抑うつを経験しながら対象の良い部分と悪い部分を統合することにあり、その必要条件は、愛が憎しみに優ることを繰り返し経験することである。(9) 治療者に直接不満を言って怒るようなクライエントは、やりにくい相手であっても、面接室外での行動化は少ない。失敗を責められても、治療者がそれを受け止め、「破壊から生き残る」ことさえできれば[10]、クライエントのなかにこの愛する能力を育てることができる。こうした、つらい「投影の引き戻し」の作業によって、クライエントは人格発達上の大きな達成を遂げるのである。

たとえば、私の言葉や態度に対して文句ばかり言っていた女性クライエントが、この作業をやりぬいた末に、「あのときは、先生にわがままばかり言って……いま思うと恥ずかしい。先生に全部ぶつけ、先生が受け止めてくれた。そんな経験は初めてだった」と語ったことがある。

またある心身症の女性は、心理療法過程における退行と混乱から、私の自宅に頻繁に電話をかけてきたり、いくつかの問題行動を起こした。私はその姿を見ているのが忍びなく、彼女が他者から低く評価され、そのことによって傷つくことが、かわいそうでたまらなかった。しかし一方で、彼女の行動化に対して「わざとらしさ」を感じ、腹を立ててもいた。この「わざとらしさ」の感じは、彼女が完全に無意識に圧倒されて行動化していると思えなかったからであり、私が彼女の現実吟味能力を評価していたことを表している。

あるとき彼女が「悲劇のヒロインのように」泣きわめきながら、私の自宅に電話をかけてきた。私は「もう自宅に電話しないでほしい」と静かに言った。そこには、私が彼女に腹を立てていたことと、枠づけの必要を感じていたことがある。そして、そのときを境にして彼女は、退行して混沌としていた自己を、急激に秩序づけて立て直し、落ち着きを取り戻したのである。

もともと彼女は、親に甘えた経験がなく、早すぎる自立をして、年齢よりも大人びたところをもっていた。彼女の本心は、とことん退行して、赤ん坊から生き直すことであったろう。しかし、彼女を取り巻く家庭環境、私を含めた治療環境を考えると、それをある程度の犠牲でやり遂げられる能力をもちあわせていないことは明らかであった。彼女が深く傷つき、多大の犠牲を払うことになっただけであろう。私はそのような状況にあって、彼女をこれ以上傷つけたくなかった。そして彼女は、私の拒絶にあって、眠りから急に目覚めるように「現実」に目覚めたのである。彼女はやはり、それだけの能力をもっていた。

その後、彼女の症状は快方に向かった。彼女はのちにその当時のことを振り返って、「現実と妥協した」と語った。心底望んでいた治癒は得られなかったが、彼女は「悲哀の作業」をやりぬいて人格的成長を得たのである。「ないものねだり」が未熟のしるしであるなら、現実認識を伴う「あきらめ」は成熟のしるしではないだろうか。

ところで、投影は自動的に生じるが、投影の受け手にはそれを引き起こすような現実的基礎がある場合が多い。フロイトは妄想患者の投射について、「自分の内心にある認めたくないものを、外部の他人に投射する」のであるが、「いわばあてもないものに投射するのではないし、似ても似つかぬもののあるところに投射するのでもない。彼らは無意識の知識に導かれて、自分の無意識から注意をそらし、他人の無意識に注意を向ける」と述べている。[11] ユングも、「投影の受け手とは、経験が示すとおり、けっして任意のXという対象ではなく、つねに投影される内容の性質に適することが確かめられた、あるいは掛けるべき事柄にふさわしい掛け釘を提供する何かなのである」と述べている。[12] また、妄想的転移が治療者の現実的要素に依拠して発生することが強調されることもある。[13]

たとえ妄想的な色彩を帯びていても、クライエントが治療者に投影する内容には、一片の真実が含まれていることが多い。このようなクライエントの直観的把握力を過小評価することはできず、治療者の側にある現実的基礎について意識化することが、治療の進展に役立つ。

恋愛性転移が生じるとき

ユングは転移について以下のように述べている。

投影は「自動的であり、自然におこってくる事実」であるが、転移とは「二人の人間の間に生じ

る投影」のことであり、「相互無意識」と「混交」により生じる。(14)

……転移はごく自然に起こるものであり、正当な理由がつけられる反応ではなく、一種の「一目ぼれ」のようなものです。……ときには初対面で、会う前から転移が生じていることさえあります。つまり治療前とか治療とは関係がなく転移が起こるのです。……

しかし同じ講義で次のようにも述べている。

……通常、転移は分析状況でのみ成立します。……分析療法で、アナリストと患者の性格上の差異によって、ラポールが困難な場合とか、両者の間に治療効果を妨げるような心理的な隔たりが存在すると、精神的な接触が欠如することになり、それが患者の無意識に働きかけて両者の間に代償的な橋をかけさせ、その隔たりをカバーしようとする試みを促進することになります。共通の基盤が存在せず、いかなる種類の関係をも作り上げることができないので、熱情的な感情やエロス的な空想によって、このギャップを満たそうとするのです。……

つまり、分析状況でラポールが困難な場合に転移が現れるというのだが、この記述は、初対面や会う前から転移が生じるとする先の記述と矛盾している。そして「転移は治療にとって、常に妨害であり、決して有益なものではありません。転移によって治るのではなく、転移にもかかわらず治るのです」とまで述べている。

その後ユングは、転移を分析状況に限定せず、完全に自然な現象とみなし、教師、牧師、体を治療する医者、夫に対しても起こりうると述べている。[15] 転移の結びつきの強さを「化合」に比して、二つの化学物質が化合すると両者ともに変化するように、治療者と患者の出会いによって、無意識内容が自律的に活性化し、「結合」の元型が布置されるという。「転移によって生じた結びつきの一定部分は投影が解消されてもなくならない。というのはその結びつきの背後にきわめて重要な本能的要因が、すなわち近親リビドーが、潜んでいる」からである。

　ここで近親相姦とは、「自らの本質との結合、すなわち個性化ないし自己実現」を象徴するものであり、同質のものどうしの結合を表す。近親リビドーは本能であるから、これを実現しようとする力が強まり、これが「現代的な形では性的空想の意識化や、それと対応する色合いをもった転移に相当する」。つまり恋愛性転移の基礎には、「結合」の元型的イメージがある。「しかしこの傾向を現代社会の中で実現することは不可能であり、そのためこの道へ足を踏み入れた者は誰もがさらに深い葛藤へと、すなわち本当の転移神経症へと引きずり込まれる」ことになる。

　ユングはこのような転移に対して、「待つという態度」「忍耐と猶予」「技術よりも時が解決してくれることがよくある」ことを強調している。「無意識の内容が性愛主義的に解釈されるときにはいつでも、自我が無意識の像（アニマやアニムス）と無意識的に同一化しているのである。この同一化のために、自我は、半ば喜んで半ばやむをえず、《聖婚》をいわば共に演じることになるか、少なくともエロスの実現こそが何よりも重要であると信じることになる」。しかし、布置された元型的パターンを意識化して、「魅惑的な性愛的な面が多くの面のなかの一つであることを見抜き、しかもそれがとりわけ判断を惑わせるものであることを見抜く」ことが必要であるという。

一方フロイトは、転移性恋愛の特徴として以下の三つをあげている。[16] ①分析状況によって喚起され、②その状況を支配している抵抗によって高められ、③現実への配慮がかなり欠如していて、正常な恋愛に認められるよりも、その結果について無思慮、無頓着であり、愛する人の評価について無分別に陥っている。

この第一の特徴についてフロイトは、「医師は神経症治療のために分析治療を導入したことで、この恋愛を誘発したのである。これは患者の身体を裸にしたり、きわめて重大な秘密を打ち明けさせたりするのと同じように、医師の立場として避けがたい結果である」と述べている。このような状況で婦人患者には、精神分析治療を断念するか、分析医に対する愛着を不可避の運命として享受するかの二者択一が生じるという。

ユングが述べたように恋愛性転移が治療者に多大の忍耐を要求するのならば、クライエントにとってはいっそう耐え難いことであり、治療を中断することが多くなるのも当然の帰結であろう。

ここでは、男性治療者と協力して女性クライエントを治療した経験から、恋愛性転移の問題を考えてみたい。無意識的な層までこころを開くことによって恋愛性転移が生じ、激しい情動をかきたてられるとき、それを女性クライエントは苦しいものとして経験する。精神は混乱をきたし、行動化が増え、症状は悪化する。しかし、そのような感情を男性治療者に直接打ち明けることには大きな抵抗が伴う。(フロイトが述べたように)抵抗によって恋愛性転移が強められるのではなく、恋愛性転移によって抵抗が強められて、治療者の前では「良い」部分しか見せなくなる。その分、面接室外での行動化が増える。

また男性治療者にとっても、恋愛性転移はデリケートな問題であるから、直接取り扱うのは難しいであろう。できれば、その苦しさに耐え抜いているうちに、感情が変容していくことが望まれる。

ところで私は女性治療者であるから、女性クライエントの男性治療者への恋愛性転移を取り扱いやすい立場にある。ある既婚女性は男性治療者に恋愛性転移を生じて、誰にも言えずに苦しんでいた。精神状態が良くないので男性治療者に会いに行きたいのだが、行くとその男性治療者に魅きつけられて、夫との関係がぎくしゃくするので悩んでいると言う。夫は、この女性が男性治療者に恋愛感情をもっていることに気づいていて、嫉妬の感情から男性治療者の悪口を言ったり、治療の中断を勧めたりしていた。これは、たとえば子供の治療において、子供が治療者と情緒的な関係を築くと、母親が嫉妬して治療を中断しようとするのと同様の現象である。この既婚女性の場合、私とのカウンセリングで、男性治療者への思いを話題にのぼらせることが鎮静効果をもった。率直に話すことで、恋愛性転移感情の苦しみが緩和されしのぎやすくなったのである。

私は、恋愛性転移感情をもつのは心理療法過程において自然で普遍的な現象であること、そのような感情も時間が過ぎると変化することを説明した。感情を抑圧しようとするからいっそう苦しいのであり、抑圧をとる方向にはたらきかけることが大切である。できるだけ自由に感情を表現してもらうことが治療的と思われる。場合によっては、男性治療者に直接言ってみてもいいと言う。男性治療者の対応が適切であれば、女性患者は男性治療者と個人的な恋愛関係になりたいという願望をしだいにあきらめ、感情そのものが、激しい恋から静かな情愛へと変遷をとげる。このころには、男性治療者に対する投影の引き戻しも進み、等身大の治療者を見られるようになる。また、治療者の代理としてや、欲求不満に対するあてつけとしてではなく、現実場面で恋人を見つけられるようになる。

あるいは、女性クライエントから私に、同性愛的な感情が語られたこともある。これも一種の恋愛性転移とよべるだろう。男性治療者への恋愛性転移に父親転移が混ざっていることが多いように、このような同性愛的感情のなかには、母親転移や母性的包容への憧れが混ざっていると思われる。

複数の治療者で転移を取りあつかう

男性治療者への恋愛性転移が抵抗を強めた結果、患者の行動化が激しくなったときに、男性治療者の前では「良い」部分しか見せない分、女性治療者である私との面接で「悪い」部分を出すことで、治療チーム全体としては患者をかかえやすくなったことがある。

その女性患者は、私の前で混乱して泣きわめき、男性治療者を殺してやると言った。この「殺す」という言葉に、男性治療者への激しい両価性がみてとれる。私は、ほんとうに殺しかねないと脅えたほどであったが、男性治療者の前ではがらりと変わって「良い子」になるのだった。そうしたときには腹立たしく感じたこともあったが、この患者は、自分の良い部分と悪い部分の両方を、また両価的感情の両方を、一人の治療者にぶつけられなかったために、二人の治療者で分担していたわけである。しかし治療チームとしては、その患者を全体的に包容することができていたため、しだいに彼女は落ち着きを取り戻していった。

一人の患者に対して二人の治療者で対応する場合、一方の治療者に対してぶつけられず、こぼれ落ちて行動化を引き起こす転移感情を、もう一方の治療者が拾い上げるとうまくいくと思われる。特に境界例の患者に対しては、破壊的な行動化を防ぐために、このような補佐役のいる治療体制が望ましいのではないだろうか。

境界例の患者は過去の対象関係のパターンを反復して、治療スタッフを分裂させることが多い。それは、無意識的に患者の病理に巻き込まれて、良い部分を引き受けている治療者が理想化されて増長し、悪い部分を引き受けている治療者がこきおろされた傷つきによる怒りを前者に向け、両者の敵対感情が激化するためと思われる。そこで、治療者が患者の病理とそれぞれが引き受けている部分対象関係を意識化することで、無用な対立を避けることができる。

治療者どうしの反目は必ず患者に察知され、亀裂をいっそう深めるような操作的行動を引き起こしたり、治療を中断する結果にもなる。これは治療チームとしては失敗である。心理療法家としての治療者間の信頼関係がとりわけ重要であり、治療者どうしが患者の病理に巻き込まれて敵対的になるときには、全体を見渡せるようなスーパーヴァイザー的存在が必要である。心理療法の訓練を充分に受けていない治療者どうしが直接話し合うと、喧嘩別れになることも多い。

クライエントへの否定的な逆転移感情が生じるとき、それを聞いてくれる同僚やスーパーヴァイザーの存在は重要である。自分の対応の失敗を棚に上げて、クライエントにうんざりしたり嫌悪感をもったりすることもあるが、そのような感情を話していると、別の感情が補償的に生じて全体的に見る視点ができてくる。

これは、たとえば母親面接で、子供への憎しみを母親に自由に話させることで、母親のなかに別の感情が自然に生じてくるのと同じ原理である。否定的な感情を抑圧するのは非-治療的である。クライエントへの率直な感情を話しているうちに、それが母親の感情と重なっていることが理論的にではなく実感としてわかり、母親にも治療者にもそのような感情しかもたれていないクライエントの置かれている状況への共感が生じてくる。補足型逆転移が融和型逆転移へと変化するのであるが、これを治療者が感情を伴って体験することが有効と思われる。

また病理の重い人ほど、家族の状況、その家族が置かれている社会的状況への配慮が必要になる。一人の治療者が母親と子供の両方を引き受ける場合には、そのどちらに同一化するかによって、さまざまな逆転移感情が生起し、それらが激しく分裂していることから、家族の状況が実感としてわかる。これを二人の治療者が受け持つと、よほど全体的状況の意識化ができていないと、敵対関係になるのも無理はないと思われる。

母子関係がすべてではない

境界例の病理は、濃密な二者関係のなかで顕在化する。

母親に対して嫌悪しながら依存するという両価的感情は、クライエントへの母親の両価的感情と対応しており、治療者にもクライエントへの両価的感情を引き起こしやすい。治療者が無意識のうちに患者を引き寄せたり突き放したりして、患者を混乱させていることも多いだろう。

あるクライエントは、治療者が自己告白のようなことをしてしんみりと共感してくれた次の回に、最初から距離をおいた態度で接されたように感じたため、治療者とどのような距離をもてばよいのか、どの程度自分を出せばよいのかわからなくなり混乱したという。治療者にすれば、前回に個人的な自分を出しすぎたと思って距離をとったのかもしれないが、このような対応の一貫性のなさが、クライエントに不必要な混乱を引き起こしているのである。治療者ができるだけ恒常的な態度で接することが重要であり、それがクライエントに安定感を与える。

病理の根源が母子関係にさかのぼる場合、治療者もつい母子関係のモデルに従うことが多い。しかし実際には、母子が緊張関係にある場合でも、父親・祖父母・おじやおばなど、母親以外の人物が緩衝作用をはたすことで、破壊的結末を避けられることが多い。なかでも、母子関係が愛憎の感情によってぬきさしならないものになっている場合には、たとえば祖父母のように、無条件にかわいがってくれる存在は貴重である。核家族化によって、クライエントが取り結ぶ人間関係の種類が減っていることは、クライエントにとっても治療者にとっても困難な状況である。クライエントの周りにいる人たちに、それぞれが果たせる役割を担ってもらうことが治療の基本であり、全体を見渡したり、足りない部分を補うような位置に治療者が入るのが望ましいであろう。

もし若い治療者に出会っていたら境界例的な病理をあらわしたであろうと推測される思春期の女性が、老年の男性治療者に「おじいちゃん」転移を起こし、祖父と孫のような関係によって落ち着きを取り戻したケースを聞いて、老若の組み合わせの妙を感じたことがある。

治療者が一対一の濃密な関係、母子関係モデルにとらわれずに、すこし次元をずらした位置にいるのが、治療者とクライエントの双方にとって犠牲の少ない方法であろう。私もクライエントから「不思議な存在」と言われることがある。

過去を分析されても癒されない

治療が成功したとき、いったい何が効果をもったのか、実際のところ治療者にもよくわからないことが多い。

思春期につまずいて神経症になった男性クライエントは、治療を終結したときに、「母親の守りが希薄だったから、世界への安心感をもてず、孤独で苦しかった。思春期の訪れが苦しかったが、母親の守りがもっとあれば、乗り越えられていただろう。先生のイメージに支えられ、母性的イメージに抱かれる経験をした。それで元気になれたと思う」と言った。

境界例の女性の行動化に対して、私は真剣に怒ったことがある。そのとき、クライエントはカッとなって面接室を飛び出し、どこに行ったのかわからなくなった。発作的に自殺するのではないかと脅えたが、その次の回に彼女は、私の前で泣きわめきながら感情を表現し、行動化がある程度おさまった。もちろん関係の成熟やタイミングなどが重要であるが、真剣に怒ると、その時点では反感をかっても、長い目で見ると効果が現れることがある。「怒るということは、先生がわたしのことを真剣に考えてくれているからだと思った」と後になって言われたことがある。その人は、家庭環境に恵まれず、親の愛情を経験していない人だった。「いままで、本気で怒られたことがなかったのでは？」と聞くと、患者はうなずいた。

実際、怒っても無駄だと能力を見限っていたり、本気で良くなってほしいと思っていない相手に、人は怒らない。

また、治療者は原則的に自己告白をすべきでないといわれるが、治療者が悩み苦しみながら生きていることが伝わるときには治療効果をもちうる。森は、境界例の患者に「先生は新米でなにも知らないけれど、とにかく一生懸命やってくれた情熱だけが救いでした」と言われたという[17]。技法や病理に関する知識は必要であるが、患者は病理や診断名の見本ではなく、生きて苦しむ人である。初心者が情熱によって治療の成果をあげるという現実を見るとき、人は何によって癒されるのかという心理療法の基本問題に立ち戻らされる。その答えを得るためには、治療者自身が何によって癒されたのかを、経験的に知っていることが必要であろう。

こころに傷を受けた過去をただ反復し分析されるだけでは、人は癒されない。治癒は、過去の欠如を埋めるような、あるいは傷によって固定化された人間関係のパターンを修正するような新たな経験をすることによって生じると思われる。しかし、どのような欠如であっても、欠けていたものと同一のもので完全に埋め合わせることはできない。治療者はただ、それに似たものを象徴的に与えて、欠如を補うのである。

第七章　共感のない解釈と、解釈のない共感

解釈は必要か

日本人に対して解釈はかなり困難だといわれる。[1] 以心伝心や、言外の意味をそれとなく察する行為が美的価値をもち、率直な言語表現が好まれない日本の文化には、解釈はあまりなじまないように思われる。というよりも、解釈されることに耐えられる自我の強さをもつ人がどれぐらいいるだろうか。一般的にみてもそうなのだから、治療場面で出会うことの多い自我の弱い人にとっては、解釈にもちこたえることはいっそう難しいと推測される。解釈の適応はかなり限られた人々ということになるだろう。

私自身の経験でも、受容的態度ではなく、厳しい態度で言語的指摘を行ったときに、中断になっ

たり、激しい反発やそれによる行動化を招くことが多かった。それは解釈の内容やタイミングを誤っただけで、解釈じたいの問題ではないという考えも成り立つが、だとすると正しい内容の解釈を正しいタイミングで適切なクライエントに行うのは至難のわざであろう。私が経験から学んだのは、甘くなりすぎるよりも厳しくなりすぎるほうが、日本の治療関係では失敗しやすいということであった。

たとえば箱庭療法は日本で最も発展したと言われている。日本では箱庭表現を解釈せず、ともに鑑賞するような態度が重視されている。たとえ治療者のこころのなかに解釈があっても、それを言語化することで治療の自然な流れを妨げるのはよくないという考えがあり、そのような態度によって治療成果をあげている。治療者は「母子一体性」「自由にして保護された空間」〔カルフ〕を提供できればよいのである。他方、欧米での箱庭療法の事例報告を見ると、箱庭表現をことごとく言語的に解釈していく傾向がある。プレイセラピーにおいても同様のことが生じている。

このように欧米では、非言語的内容は最終的には言語に翻訳されるべきもの、いわば言語よりも一段劣ったものとみなされており、非言語的手段そのものの利点が評価されていないように思われる。それだけでなく、非言語的表現は、問題への直面化や意識化に対する防衛とみなされることさえある。

治療の目標を自我の強化におかず、症状の軽減・消失やこころの全体性の回復におくとき、日本人は、言語的直面化をはからなくても、非言語的交流によって充分に癒されていくといえるだろう。それに、解釈によって成し遂げられるような自我の強化が、日本社会に適応するうえで不可欠なのかどうかもわからない。

成田が述べるように「本来、人は観察され、分析され、規定される、つまり客体化されることを欲しない」のであれば[(2)]、そもそも治療に解釈は必要なのだろうかという疑問が生じる。人が本来的に欲しないことを意識的に行うには、その難点を補って余りあるほどの利点がなければならないだろう。

誤った解釈は、クライエントにとって侵入的・攻撃的に感じられ、それを徹底操作されると破壊的な作用を及ぼすであろうことを考えると、誤った解釈によって生じる失敗のほうが、解釈しないことによって生じる失敗よりも害が大きいと感じられる。とりわけ、クライエントの無意識について、あたかも治療者はそれを見透かしているかのように断定的に述べるなどということは、きわめて非-治療的である。

また、洞察を得なくても治るケースは多いが、他方、洞察を得ても治らないケースも多い。たとえ解釈によって知的洞察を得させることができたとしても、それは具体的な症状や行動の改善に直接的効果をもたない場合が多いのである。かなり的確な洞察をもちながらも、現実の行動においては何の変化も見られない人が少なくない。これについては、徹底操作の不完全さのみを原因とすることはできず、解釈とそれによる知的洞察じたいがもつ限界を示していると思われる。

実際、私自身が受けてきた治療者としての訓練は、解釈になじまないものであった。私はユング派の正統な訓練を受けたわけではないが、ユング派の治療的態度にかなり影響を受けていると思う。ユング派においては技法よりも、治療者と患者の人格的関与が重視される。ユングは、医師と患者の人格は「医師が言ったり考えたりすることよりも、心の治療の結果に限りなく重要である」ことがしばしばあり、「二つの人格が出会うことは、二つの異なる化学物質を混ぜ合わせるようなものである。化合が生じれば、両者ともに変化する」と述べた。(3) ここで強調されているのは、治療の結果に及ぼす治療者の人格的要因であり、治療者が自分自身の人格的変容をかけねばならないということである。

ユングは治療者と患者のあいだに二方向の相互作用があるとして、両者が「対等」であるべきだと考えている。そして、フロイトを批判して次のように述べている。

……ソファーに横たわらせ、自分は神のように後ろにいて時おり言葉をかけるというような従属的存在として、患者をみなすべきではありません。また病気の暗示になるようなことは、すべて避けるべきです。

そうでなくても患者にはこの傾向があり、すすんで病気の中に逃げこみたいのです。……もし患者が実際に病床についていないのなら、患者を正常な人間のように、いわばパートナーのようにみなさねばなりません。それが健全な基礎となって、そこから治療が始まりうるのです。……[(4)]

人格的要因は常にはたらくと思われるが、その程度は、クライエント（と治療者）の病理や治療の過程によって異なる。治療者は常にどのクライエントに対しても全人格をかけて会っているわけではない（そんなことは不可能である）。治療者の人格が試されると感じられるのは、治療の困難な局面においてであろう。対等性についても、実際には専門家と非専門家、料金を支払われる者と支払う者という非対称性があるが、できるかぎり対等であろうとする態度が重視されるのである。

このような態度は、治す者と治される者、知識を与える者と与えられる者といった分裂を防ぎ、患者の自己治癒力を活性化しうる。実際の治療では、専門的知識に基づく説明や教育が必要な場面もあるが、常に治療者が優位に立ち、患者に権威的態度を示すとしたら、患者は無力化され依存的状態にとどめおかれて、治癒は生じえないだろう。

ユング派においては、治療者は余計な介入をせず、クライエントとの関係に意識・無意識ともにオープンにし、そのなかで自然に生じてくるプロセスにつき従えば、クライエントの自己治癒力によって個性化の過程が進むという治療観がある。ユングは「治療者としては、ア・プリオリから行動するのではなく、個々のケースにおいて具体的状況の要求することに耳を傾けなさい。それがあなたの唯一のア・プリオリです」「最良のものを学び、最良のものを知りなさい。そして患者に会うときにはすべてを忘れなさい。教科書を暗記したからといって立派な外科医になった人はいません」という。[5]さらに、「治療者がうけつけるすべての事例は、ある特別な条件にある個人であるから、一般的に適用できる治療技術や治療理論というものは存在しない」「すべての事例をまったく新しいものであると考え、何よりもまずそれにたいする個別的な接近法を探し出すべきである」とも述べている。[6]

したがって、一般的知識よりも個別性を、具体的技法よりも患者との関係に開かれることを重視していたわけだが、これは、知識や技法に偏った一面的なありかたに対するアンチテーゼとして受け止めるべきであろう。

治療経験を重ねるにつれて私は、ユングが主張するような態度には、治療の成果においても治療者としての訓練においても限界があることに気づくようになった。基本的な態度としては異論がないが、ある状況に有効な具体的知識や技法があり、それを身につけることが必要なのは専門家として当然であろう。個別性の重視ということは、安易に受けとられる危険が常にあるように思う。また、自我が弱いためにユングの考えに共鳴し、クライエントとの関係に開かれることと、自分のコンプレックスや未解決の問題をまったく無自覚的にクライエントに漏洩することとの区別さえつかずに、クライエントを巻き込み迷惑をかけている治療者も少なくない。

私自身はこれまで、対話はしても「解釈」はほとんどしてこなかった。解釈が奏功したケースや、解釈をすればもっと治療がうまくいっただろうと思われるケースもあったが、解釈せずに、ある程度、治療成果をおさめることができた。そのため、解釈は治療に不可欠ではないと考えている。一方「共感」については、それが治療に本質的であることは、私にとって自明のことであった。転移／逆転移を利用して共感的理解をすることなしに治療が進展するとは考えにくいからである。共感的理解を治療的対応に生かしていくわけだが、それは必ずしも解釈というかたちをとらなかった。

以下では、共感と解釈について理論的に概観したのち、「共感のない解釈」と「解釈のない共感」について考えてみたい。

共感——「わからない」と感じるとき

共感能力に大きな個人差があることは、誰もが認めるだろう。クライエントの微妙な感情状態に精度よく合わせられる人と、感度の鈍い人がいることは、否定できない。これは想像力の問題といってもよい。治療の報告を聞けば、共感能力の不足が、治療過程の読み取りのわるさ、個々の対応の不適切さとして現れ、現実に治療効果に影響していることがわかる。逆は真ではないかもしれないが、すぐれた治療者は必ず高い共感能力をもっている。

また、同一の治療者でも、こころのある層には共感しやすいが別の層には共感しにくいといった偏りがあると思われる。あるクライエントは、治療者に内面的な問題を話しているときにはとても共感してもらえたが、現実の社会生活でどのようにしていくべきかを相談しだすと、まったく頼りにならないと感じたという。その治療者は内向的な人であり、クライエントの内面世界を重視して支持し、その結果、クライエントが主観的になりすぎて、現実生活で失敗を重ねたときにも、内面世界重視の対応を変えなかった。

治療者によって得意な領域があること、クライエントは実際の失敗体験から学ぶことが多いことは認めるが、こころの専門家だからといって、内面世界だけを見ていればいいというものではないだろう。

成功した治療者に不可欠の基本的な個人的才能としては、純粋さ、所有欲のない暖かさ、正確な共感があげられ、これらは訓練によって改善しうることが明らかになっている(7)。また、クライエント中心療法の創始者であるロジャーズは、治療者側の三条件として、純粋、無条件の肯定的関心、共感的理解をあげた。(8)ただしこれらは理想的条件であって、実践するのはきわめて困難である。クライエントの示すどんな言動に対しても、自己一致して聞き、無条件の肯定的関心をもち、共感的理解を示すことは不可能だからである。

共感的理解が治療に果たす役割については、学派の相違にかかわらず、否定する人は少ないと思われる。ラッカーは精神分析家の理想として、「患者の心理的事象に生き生きした関心を注ぎ、たえず共感をもつこと」をあげている。(9)しかし、他人をどこまで共感的に理解できるかについては、困難な治療を経験した人ほど、楽観的になれないだろう。むしろ、共感しがたいものをいかに治療的理解につなげていくかという不断の努力が必要とされる。また、いわゆる健康な人は、全面的に自分を理解してほしいと思っておらず、適当なところで妥協しているものである。

たとえば「先生は全然わかってくれない」と治療者を非難するクライエントは、じつは完全に理解されることを望んでいるのであるが、それは現実的には不可能なのだと、いつか認識せねばならない。

共感とは、相手の喜びを喜びとして、悲しみを悲しみとして、そのまま感じるというような単純なことではない。それは、クライエントとの意識的・無意識的交流、クライエントの病理、治療のプロセス、また治療者自身の無意識的傾向についての理解なども必要とする複雑な認知的過程であり、転移／逆転移の概念をぬきにして語ることはできない。融和型逆転移が優勢なときはあまり問題がないが、補足型逆転移が優勢になっている場合には、これを意識化することが共感的理解を深めるのに役立つ。共感が感情的体験だけでなく知識によっても支えられていることを忘れてはならないだろう。

ユングは、ある女性患者を高く見上げている夢を見て、それが意識の一面的態度を補償するものであると理解し、じつは患者を見下していたことに気づき、その夢と解釈を患者に告げることによって治療が好転した例をあげている。(10) このように治療者が自己の無意識に開かれており、たえず無意識と対話することが、クライエントのおかれている状態への共感的理解を促進しうるのである。このような共感能力を高めるためには、治療者自身に生じる感情や無意識的反応を明確に意識化することができねばならないだろう。

ところで土居は、「治療者が常に心すべきことは、患者とよい関係を持とうとすることでなく、患者を理解しようとすることである」と述べ、以下のように指摘している。

……われわれは日常の交際で互いにわかりあったつもりでつきあっているが、そこで患者を理解するということもこのような日常的なわかり方で患者に接することであると、多くの治療者は思いがちである。もちろん、患者の世界は通常そう簡単にはわからないので、その結果いきおい非常にむりをしたわかり方をするか、あるいはまた何か専門的な概念を持ってきて、それでもって患者の言動をわりきろうとする。この後の場合のいい例は、精神分析で非常に有用な概念である転移という言葉を借りてきて、それでもってわかったつもりになることである。しかしこの他にも種々の精神病理学上の概念がこのような目的に乱用されることがきわめて多い。ところでこのようなわりきり方あるいはわかり方は、患者を真に理解するということとはまったく無縁なことである。患者を真に理解するためには、すぐにわかってしまってはいけないのであって、むしろどこがわからないかという点から始めなければならない。わからない点を治療者は素通りせず、それを言語化することができなければならない。もっとも言語化したものをすぐに患者にいうか否かというタイミングの問題は治療者の判断の要するところであって、多くの場合はしばらく暖めておくことが必要であろう。また原則として言語化したものが不確かな場合にはいってはならないと思う。なお治療者が問題点をはっきり言語化できる時には、通常それに対するある答を想定することが可能である。しかしどうしてもおかしい、よくわからないと思う場合は進んで患者にきいてみるべきであって、かくして問題を患者とともに考えることが可能となるのである。……[11]

このわからない点こそが「患者を理解する上での急所」であるという。共感できていると思い込んだり、知的にわりきるよりも、少なくともわからないということを意識しているほうが、クライエントにとって侵襲性が少なく、よりよい理解に到達できる。また、クライエントが自分で問題を考えることを援助しやすいだろう。治療者にとっても、わからない点を考えるところに、成長のチャンスがある。治療者が「わからない」と言うと激しく怒るクライエントがいるが、そのような反応じたいがクライエントの問題を示していると考えられる。

さらに土居は次のように述べている。

……治療者は患者に場所とみずからの時間とそれから患者の自己洞察のための介助を与える。しかしそれだけである。治療者は患者に治癒を与えるのだと思ってもいけない。治癒は患者みずから獲得するものである。患者を満足させるために何かを与えなければならないとあせる治療者は、結局本当の意味で患者に自分の時間と必要な介助を与えていないのである。なぜなら時間を与えるということは実は非常に大きな意味のあることである。人生これに勝る贈り物があるとは考えられない。……

この「自己洞察のための介助」の技法が、解釈とよばれるものであろう。

解釈が意味をもつには

ライクロフトによれば、解釈とは「難解であったり曖昧であったりするものごとの意味を解明し、説明する過程」のことであり、「分析家は、夢や、症状や、一連の自由連想などに、患者がそれに与えている意味より以上の（より以下の）意味づけを行う」。当を得た解釈とは、「解釈される素材を十分に説明する」と同時に、「その解釈が患者にとって現実性をもつ（意味をもつ）ように、適切な形に定式化され、適切な時期に患者に伝えられた解釈」のことである。解釈の機能は、「患者の自覚を深める点」にあり、「それまで無意識的であった患者自身の内的過程に意識的であるようにさせて、患者の統合を助長する点」にある。[12]

つまり、解釈には、「意味」の理解とその伝達という二つの側面がある。

解釈が最強の治療手段であることには、精神分析家の間で意見が一致している。[13] しかし、解釈が治療効果をもつには、内容・形式・タイミング以外の要因がある。それは、分析家の患者への愛情であり、患者の分析家への愛着である。

フロイトは、解釈を行うには、患者の分析家に対する強い転移つまり愛着と、本格的なラポールが必要であると述べた。[14] ラッカーによれば、「愛情をもって得られた理解は患者にも愛情として体験され、それがさらに愛情を呼び起こす。したがって解釈する場合にこの部分が欠けていると、当然その解釈は愛情に欠けたものとして感じられ、多くの場合悪い結果をまねくことになる」。また、「患者は自分が分析医に愛着という良い感情をもってかかわりあっていると感じている時だけしか、解釈を利用しない」し、「良い解釈は治療に必要な昇華された陽性転移を強化し、これほど無意識の意識化を促すものはない」という。[15] したがって解釈は、治療者‐患者関係の表層に現れたコミュニケーションであり、それが受け容れられる基底にある条件が整っていなければ、効果は期待できない。

ライクロフトによれば正しい解釈は、患者の洞察と自己認識を高めるだけでなく、患者に対する分析医の態度や気持をも伝える情緒的コミュニケーションである。つまり、分析医が「他者として患者に心を向けており、患者を理解する能力がある」こと、患者が「自己の主観的な体験や、自己独自の成長可能性を捨てたり、捻じ曲げたりしなくても他者との関係をつくることは可能である」ことを、患者に告げているのである。[16]

また、コフートが述べているように、言語的解釈の「内容」がたとえ間違っていても、治療者の語調、身体の動きなどの非言語的コミュニケーションの手段を通して、患者の「状態」についての正確な共感的理解が伝わる場合には治療効果がある。[17] このことは、解釈が治療において二次的な役割しか果たさないことを示している。

つまり、「共感のない解釈」は治療効果をもたないが、「解釈のない共感」あるいは「解釈を誤った共感」は治療効果をもちうるということになろう。

共感のない解釈

ユング派のなかでも、ロンドンを中心とする発達派は、精神分析の考えを積極的にとりいれて実践に利用しているため解釈を行うが、チューリッヒを中心とする古典派は解釈をほとんどしないようにみえる。また、ロジャーズ派の訓練を受けたカウンセラーも、技法としては、感情の受容・反射・明瞭化などが主であるから、解釈をあまりしないだろう。このように、解釈をほとんど用いないで治療効果をあげている。

ところで、ユング派の治療観を支えるものに「傷ついた癒し手」のイメージがある。グッゲンビュール＝クレイグが述べているように、患者はただ病者であるだけで、治療者はただ治療者であるだけというように、治療者と患者の元型が分裂していると、患者のなかの治療的要因である「内的治療者」がはたらきはじめることはない[18]。そこでは患者は「内的治療者」を実際の治療者に投影して、一方的に治してもらおうとして寄りかかり、治療者は傷や病気や弱さを一方的に患者に押しつけ、自分には関係ないと考える。このような状況では治療が進展しない。

実際に治療効果をあげるためには、患者のなかの「治療者」が必要であり、それを活性化するためには、治療者のなかに「病者」が存在しなければならない。つまり、治療者は自分自身の傷を治療過程に捧げねばならないのである。その傷によって、クライエントは治療者が自分の理解者であると感じるのだろう。

「傷ついた癒し手」のイメージは夢のなかにも現れる。

ある不安神経症の男性は、症状が落ち着いてきたころ、幼い少女のイメージに支えられていた。夢のなかで、右足を切断された少女が、飛んで来る多くの物体によって顔や体を傷つけられ、無残な姿で彼に近づいて来るのを見た。彼自身も飛んで来る物体に脅えていた。その夢を聞いて、私は「傷ついた癒し手」のイメージを思い浮かべ、それについて話した（これは、夢の解釈というより連想だった）。すると彼は急に声をあげて泣き出した。そして「『傷ついた癒し手』と聞いたときから、涙ぐんでしまった。この少女は僕を癒そうとしているのですね。それでケガをしているのですね。そういえば神々しい雰囲気があった。かわいらしい顔をしているのに傷ついているので、かわいそうだった」と語った。彼を支えていた少女のイメージが、夢のなかでは深い傷を負っていて、そのことによって彼を癒しえたと考えられる。

ロンドンのユング派のフォーダムは、解釈を「同調的逆転移の最終産物」とみなしている。[19] 分析家は不可避的に患者の無意識過程に巻き込まれるが、それに対してはふたつの行動の仕方がある。ひとつは、できる限り自己が「統合」されていることによって、患者から自分自身を隔絶しようとすることである。もうひとつは、この態度を捨てて患者に耳を傾け見守り、患者との関係において自己から生じてくるものによって反応することである。それは、患者が必要とするものに自発的に反応し、自己の「脱統合」を表す。後者のような分析家の反応が「同調的逆転移」である。このふたつは、投影されたイメージを扱うふたつの方法とも対応している。[20] すなわち、ひとつは「元型的内容の解明と分化を中心とする教育的手続き」であり、もうひとつは、イメージをそのまま受け入れて体現する方法である。

そしてフォーダムは、説明と解釈が生きてくるのは、後者のイメージの体現という基礎があるときだけだという。「分析家がイメージを体現せずに説明的優越的役割をとって患者から分離し続ければ、いたずらに患者を孤立させて原始的様式の関係を必要とさせるだけである[21]」。つまり、患者に共感することなく、上から下へと与えられる解釈は、むしろ有害なのである。

またバリントによれば、新規蒔き直しの時期には「ことば抜きで、患者が分析者に何を期待し、どう実行に移しつつあるかが分からなければならない。すなわち、ことばを用いず、しかも的確迅速に患者に必要な対象関係を与えてやらねばならない」[22]。このように、言葉が妨害的にはたらく治療の局面もある。

そこで分析家に望まれるのは「患者に対して適切な情緒的態度を維持し続ける能力」である、とライクロフトは述べている。[23] それによって、「対象に注意を向け、心を寄せ、共感するといった行為を自然にかつ自発的にひきおこせる」。そしてこのような情緒的態度を維持するには、次の四つの条件が必要であるという。

① 精神分析を職業として選択させ、その職業で満足感を得させている種々の衝動や同一化の存在。

② 分析状況が、分析家と患者の要求する条件をともに備えていること。

③ 分析家は数人の患者を受けもっているので、一人の患者にだけひどく巻き込まれる危険が減ること。

④ 分析家は自我を分裂させる能力をもっていて、それによって患者の内界や実生活にイメージ的に参加できること。

①は、分析家自身の個人的体験や、分析家になろうという気持が何に根ざしているのか、などが重要であることを示している。

私自身は、解釈を多用すると感じられた分析と、ほとんど何のコメントも得られないと感じられた分析の両方を受けたことがある。解釈を多用するほうでは、解釈が当たっていたときには混沌としていた心的内容が一瞬のうちに整理され、視野が開けるような経験をした。これは、無意識内容の意識化や洞察とよばれるものであろう。しかし、単に事象を精神分析用語へ翻訳したにすぎない解釈をされたときには、非常に不快で、侮蔑的に感じられ、なによりも、共感されていないと感じた。押しつけがましいと感じ、不満と反感をもった。共感的理解の感じられない自己満足的な解釈ほど、クライエントのこころを分析家から引き離すものはないだろう。

どんな理論的枠組ももたずに聴くことは不可能だが、少なくとも治療者は、その枠組が仮説にすぎないことを認識していることが必要ではないだろうか。それに、理解のための枠組をもっていることと、それをクライエントに表明することとは別の事柄である。

次のエピソードも同様の失敗を表している。ある患者が治療者への敵意をあらわにして非難したとき、その治療者が「あなたの私への敵意は実は母親への敵意が向けかえられたものなのだ」と解釈すると、患者は「そんな平行移動の法則を適用した解釈では、私の気持をわかってくださったことになりません」と言ったという[24]。

成田は、このような「平行移動の解釈」は、「治療者のあらかじめもっている理論や知識に基づく説明であり、しかも根本において『あなたは正当でない』（あなたがいま私に向けている感情は正当な感情ではない）と告げる」ことになると述べている。[25]この解釈は、治療者が患者の敵意を受け止めかねていたことを示している。このような解釈をされれば、患者と治療者とのズレがあらわになり、患者の敵意はいっそうつのるだろう。

しかしこのエピソードから、ひとつの重要な点を指摘できる。それは、治療者に向けられた否定的感情に共感することの困難である。

この場合、クライエントの陰性転移によって活性化された治療者の補足型陰性逆転移を意識化し、両者の悪循環を防ぐために、治療者には同態復讐感情を統御することが必要になる。治療者に必要なのは「忍耐、怒りのコントロール、高度の敏感さ」である。[26]解釈を復讐の手段として用いると、泥仕合になる。陰性感情を向けられたときは、復讐感情をコントロールしながら、感情の嵐が過ぎるのを待つしかないように思われる。治療のさまざまな局面で、治療者に最も必要とされるのは「忍耐」ではないだろうか。

以上述べたように「共感のない解釈」は、治療関係とクライエントにとって破壊的な作用を及ぼす。

解釈のない共感

次に「解釈のない共感」について考えたい。ほとんど解釈をしない分析を受けたとき、解釈以外のコメントでずれを感じることはあったが、私には、少なくとも理解しようとして関心をもって受容的態度で聞いてくれていると感じられたし、治療者があまり立ち入ったことを言わないことに節度と思いやりを感じた。これは、治療において言語的介入をあまり好まない私の傾向と合っていたせいかもしれない。

ユングの事例をあげてみよう。(27)

ユングは、ある患者を九年間にわたって治療しなければならなかった。彼は外国に住んでいたので、毎年二、三週間しか会うことができなかった。初めからユングは彼の真の問題が何であるかを知っていたが、その問題に触れると二人の関係が破壊される恐れから、関係を維持することと彼の傾向に従っていくことに最善を尽くし、神経症の根本とは全く別の方向に話が広がっていった。ユングは患者を迷わせてしまうのではないかとしばしば自分を責めたが、患者の状況が改善されていく事実だけを頼りとして、真実をつきつけることを避けていた。しかし十年目になって、患者はすべての症状から解放されたことを宣言した。患者は、微笑しながら次のように語ったという。

「私は、自分の神経症の苦しい原因について、迂回するのを助けてくれたあなたのまちがいのない方法と忍耐にたいして、とくに感謝したいのです。今はもう何でも話すことができます。それについて、もし私が自由に話せたのなら、最初の相談のときに話したでしょう。しかし、そのため、あなたと私の関係はこわれてしまったことでしょう。そうなると、あとで私はどうなったでしょうか。私は心理的に破滅してしまったことでしょう。この十年にわたって、私はあなたを信ずるということを学びました。そして、信頼が増すにつれて、私の状況はよくなってきました。このゆっくりとした過程が、私の自分自身に対する信頼を取り返すのに役立ったからだと思います。私を破壊してしまうような、その問題に関して、今、私は話し合うだけの十分な力を持っています。」

そして彼は自分の問題を率直に告白したという。もし抵抗の解釈とその徹底操作を行っていたら、この患者にとって、また治療関係にとって、破壊的な作用を及ぼしただろう。

解釈に適するかどうかは、クライエントの病理、人格発達の水準、治療の進行度などだけでなく、治療者とクライエントの素質や好み、そして両者の相性の問題も含んでいる。解釈を多用する治療者に対して、私は個人的に、攻撃的で知性化による防衛をはかる傾向を感じる。しかし向こうからすれば、なにもしない治療者は甘すぎるように見えるだろう。

実際の治療場面で、治療者には複数の視点が存在する。たとえば症状が快方に向かっても、揺れ戻しの危険や変化するときの心理的負担を考えると、それを、ある程度は喜んでも、手放しに喜ぶことはできない。なにも知らない初心のころには、たしかにもっと大きく(単純に)喜べていたはずだ。そして、その治療者の喜ぶ姿が、クライエントには共感される体験となっていた。経験を積んだために安易に喜べなくなった治療者の態度が、クライエントには共感の欠如として感じられることがある。また、経験によって、クライエントの症状や状態に治療者が慣れてしまうと、安定していられるという良い面もあるが、クライエントにとっては初めてのとてつもなくショッキングな出来事であるのに、その大変さに思い至りにくくなることもある。

さまざまな状況で、治療者にはプラスの面とマイナスの面の両方が見えてくる。そのどちらか一方だけを言うのは誤りであると感じられるし、両方を言うのはクライエントにとって荷が重すぎるように感じられるときがある。

このような場合、クライエントを安心させるためには、状況への理解を簡潔に述べるような言葉が必要になる。つまり、無意識「内容」の解釈ではなく「状況」の解釈が重要になる。

内容の解釈か、状況の解釈か

ここで妄想を例としてとりあげよう。

松本は、妄想をもつ患者に「現実吟味」を押しつけようとする医学的やりとりが「治療者と患者との関係構築を阻み、患者をいっそう一人ぼっちの世界に追いやり、自閉的妄想に閉じ篭るよう促してきた」という[28]。妄想内容を否定するといっそう患者を妄想にしがみつかせ、妄想内容を肯定すると妄想に油を注ぐだけというように、いずれにしても内容にとらわれた治療戦略は不毛なのである。また中井は、「妄想内容ではなく、妄想をもつ人間の苦悩に焦点を当てた時、その時だけ妄想患者は自分の気持が汲まれたという感じを持つ」と述べている[29]。妄想は「より大きな苦悩を軽減する力」をもっているため[30]、必要でなくなったときにかさぶたのように脱落するのであり、治療者としては「時を待つしかない」という[31]。

このことは、妄想だけでなく多くの言語表現にもあてはまり、語られた内容に拘泥するよりも、状況への共感的理解のほうが治療的であることを示しているのではないだろうか。また、妄想に限らず、一般に症状の機能や解消のしかたを知っていることは、治療者の非治療的介入を防いでくれるだろう。

他方、治療者が患者の妄想世界をともに体験することが、患者の妄想世界からの離脱をたすける場合もある。この例として、分析家リンドナーの報告した事例をあげる。(32)

患者は優秀な科学者であるが、宇宙旅行に出かけているという妄想世界に住んでいた。リンドナーはそれが妄想であることを説得しようとしたが成功せず、ついにその宇宙旅行を患者とともにする決心をした。リンドナーは患者の旅行談を事実として聞き、その話の矛盾しているところを指摘する。科学者はその矛盾を調査するために宇宙旅行に出かけ、結果をリンドナーに報告し、二人で宇宙誌を作りあげていく。

この興味深い仕事にリンドナーはますます引き込まれていくが、ある日、彼は科学者があまり興味をもっていないことに気づく。不思議に思うリンドナーに対して彼は、じつは宇宙旅行が妄想にすぎないことに少し前から気づいていたのだが、リンドナーがあまりに熱心なのでつい言いそびれていたと告げた。

これは治療の終わりを意味している。リンドナーが患者の妄想世界に強く参与したことで、患者は妄想世界からの離脱を果たしたのである。

自閉症児の治療においても、治療者が自閉の世界に入り、患児の体験世界を共有できたときに、患児は自閉的世界からの離脱をなしとげうる。

このように、積極的に体験世界を共有することが重要である場合もあるが、逆に状況への理解に基づいて、言語的介入を控えることや、関係を深めないことが必要とされる場合もある。河合は次のように述べている。

……患者の内的世界に深く入り込んでゆく努力を続けながらも、完全には主体性を損なってしまわない治療者の態度は、彼が長年の間教育分析を受け、自分自身の無意識の世界について、相当な知見をもっていることによって支えられている。……[33]

ライクロフトが述べたように、治療者には「分裂」の能力が必要なのである。[34]

あるクライエントとの会話

治療者からのはたらきかけは、質問・明確化、直面化、解釈の順に進むという。[35] 私は解釈をあまりしないが、質問や明確化を行った事例をあげよう（不安神経症の男子大学生A）。

幼少時より優秀な兄と比べられて育ったために劣等感が強く、「存在じたいが失敗だったので、それを挽回するために、他人よりうんと抜きん出て、大きな成功を獲得しないとだめだ」と言う。どんなことでも他人と比較して劣等感をもつ一方で、自分は他人とは違う、人より優れた才能があるという傲りがあり、バランスがとれない。症状について語るときも、「自分みたいな人は、他にいないんじゃないか」「自分はずっと問題児だった。意図しないのに、しょっちゅうけがをする人が、百万人に一人ぐらいいると思うが、自分はそれだと思う」など、自分は特別な存在だという傲りが感じられた。特別な存在であるという意識は、Aのこころの安定を奪っていた。あるセッションでの会話を以下に示す。

A――人をアッと言わせるようなことをして、世間の評価を得たい。
治療者―世間一般の人に評価されたいんですか？
A――はい。
治療者――世間一般の人には鑑識眼がありますか？
A――鑑識眼はないと思う。

治療者――鑑識眼のない人に評価されたいんですか？　多くの人に評価されたいんですか？　多数決ですか？

A――そういうわけではない（笑）。しかし世間的なものを得ないといやだ。

治療者――多くの人は、世間的な評価を幸福と錯覚しているのでは？

A――錯覚でもいいと思う。

治療者――錯覚の中で、生きたいんですか？

A――それはいやだ。

治療者――手にいれたいものが次から次へとエスカレートし、ついには自家用飛行機を手にいれようとして、破綻した人がいますが。

A――その人は、最後に破綻したとしても、途中までは幸せだったと思う。自分も、もし山の頂上まで登ったら、次は海を泳ぎたいと思う。海を泳いだ後は、また別のことをしたいと思う。

治療者――その一つ一つはどうつながるんですか？　山のあと、どう海につながるんですか？　それは、むだとは思わないんですか？

A――むだとは思わない。山に登ったから、次に移るだけだ。一つのところで満足したくない。さらに次のステップにどんどん進んでいかないといやだ。

このセッションは、Aが自分の考えを表明して終わり、洞察が得られたわけではないが、次の回、Aは気分が安定しており、「前回のように理論的に確認していくのはおもしろいので、今日もあれをやってほしい」と要求してきた。Aにとって上述したような問答は「理論的確認」の作業であり、Aの感情や考えを明確化するのに役立ったと思われる。

次に、私がただ聴くだけで何もコメントしなかったために、不満をつのらせた心身症の女性の事例（B）をあげる。

Bは、なにも理論的に説明しない私の態度を、「ただ聞き流しているだけで、無反応で冷たい」と非難した。それは、Bを嫌っているからで、いやいや治療していると言うのだった。そしてBは「もっと知的刺激になるような言語的説明を与え、関心をもって聞いてもらっていると感じられるような反応をしてほしい」「自分は感情がわかりにくく、知的に理解することしかできないので、頭から入るような説明がほしい」と言った。

親からの拒絶を感じてきたBは、無反応な治療者に拒絶を感じていた。ここに転移が生じていることは明らかであったが、それを解釈するのは気がすすまなかった。実際に、知性化防衛の顕著なBに対しては、「頭から入る」ような理論的説明が必要で、それを与えると、Bには治療者の積極的関心が感じられるのだった。

私はBの非難を受けて、やはり私の「ただ聴くだけ」の応答では、Bには手ごたえが感じられず、不満と不安をもつだけだと感じ、積極的に理論的説明を与えていくことにした。するとBは「先生は私のことを、ものすごくよく理解してくれているのでうれしい」と語った。

このように、知性化の優勢な人に対しては、知的説明が、「頭から入る」だけでなく感情にもはたらきかけるのである。この場合、受容的応答だけでは治療効果に限界があり、治療者は臨機応変に知的説明を与えることもできねばならない。また、話が飛躍して現実からどんどん離れていくような場合も、受容的に聴いているだけではクライエント自身が混乱してしまうので、具体的事実に常に引き戻すような言語的介入が必要である。さらに、感情的に不安定になりがちな人に対しても、それをしずめるような言語的介入が必要だろう。

体験に意味を与える

私自身の治療的態度は、受容的応答から始まったが、それだけでは対処できない事例に出会い、知的説明や解釈の技術も身につけるよう努力してきた。しかし、後者の努力は、クライエントにとっての必要性、つまりクライエントへの共感的理解から生じたものだと思う。どんな技術でも、クライエントの現在の状況への共感的理解がなければ、使用法を誤り、治療効果をもたないだろう。

あるクライエントは、私が理論的説明に傾きすぎたとき、「先生は、なぞときに夢中で、わたしのこころを見てくれない」と言った。解釈は多くの技術のうちのひとつであり、共感は治療にとってアルファでありオメガである。治療者の共感によって、クライエントは自分自身の体験の意味を理解できるのではないだろうか。

治癒に至ったとき、なぜ治ったのかは、クライエント自身にもわからないことが多い。時の経過とともに、「何がなんだかわからないうちに」「つきものが落ちるように」、そして状態が悪かったころのことを振り返って「あのときはどうしてあんな事をしていたんだろう」という仕方で治っていくことが多いように思われる。逆に、認識の変化や洞察によって治ったと語られることは少ない。

治療の結果として、精神状態が楽になり、世界の見えかたが変化し、認識が変わったと、その不思議さに驚きながら語られるのである。治療者が解釈を述べたときには「ピンとこない」と言ったり「そうとは思えない」と反論していた人が、何ヵ月も経ってから、「あのときに先生が言っていたことが、いま、わかった」と言うことがある。このことは、洞察が治療的変化の結果であることを示している。このような変化が生じやすいように、共感によってこころの居場所を与え、解釈によって今までとは異なる現実の見かたを提供することが、治療者の役割ではないだろうか。

本書の第六章と第七章は、以下の初出論文を大幅に加筆修正したものである。

第六章　二つのこころが出会うとき
「転移／逆転移の取り扱いかた」（氏原寛・成田善弘編『転移／逆転移』人文書院　一九九七年）

第七章　共感のない解釈と、解釈のない共感
「『共感のない解釈』と『解釈のない共感』」（成田善弘・氏原寛編『共感と解釈』人文書院　一九九九年）

あとがき

こころの治療において、症状の軽減や消失だけでなく、視点や価値観の変換が生じるという現実を見るとき、意味の問題は避けて通れないと思われる。そこで臨床における意味について、数年間断片的に考えてきたことを、ここに一冊の本としてまとめた。

子どものころ、知っているはずの言葉の意味が不確かに感じられて、まわりの人に何度も意味をたずねたという経験はないだろうか。そうしているうちに、意味ということばの意味までわからなくなってくる。その言葉の意味だけを追求していくと、言葉の意味はかえって失われるのだろう。このことは、あらゆることの意味について言えるかもしれない。

この仕事に取り組むにあたって、新曜社の津田敏之氏には多くの有益な助言をいただいた。記して感謝したい。

二〇〇二年三月

李 敏子

文　献

第一章　意味が現実をつくる

(1) Freud, S. (1901) Zur Psychopatologie des Alltagslebens., G. W. 4., London : Imago.　池見酉次郎・高橋義孝訳 (1970)「日常生活の精神病理学」『フロイト著作集 4』人文書院，5-236.
(2) Bartlett, F. C. (1932) Remembering : A Study in Experimental and Social Psychology. Cambridge University Press. 宇津木保・辻正三訳 (1983)『想記の心理学』誠信書房.
(3) Beck, A. T., Freeman, A & associates (1990) Cognitive Therapy of Personality Disorders. The Guilford Press. 井上和臣監訳 (1997)『人格障害の認知療法』岩崎学術出版会.
(4) Lewinsohn, P. M. & Rosenbaum, M. (1987) Recall of parental behavior by acute depressives, remitted depressives, and nondepressives., Journal of Personality and Social Psychology, 52, 611-619.
(5) Beck, A. T., Freeman, A & associates (1990) *ibid*.
(6) 町沢静夫 (1991)「境界例患者の内的世界」『こころの科学 36』日本評論社，43-49.
(7) Beck, A.T., Freeman, A & associates (1990) *ibid*.
(8) Bleuer, J. & Freud, S. (1893) Vortrag : Über den Psychischen Mechanismus hysterischer Phänomene., G. W. 1., London : Imago, 81-98.　懸田克躬訳 (1974)「ヒステリー現象の心的機制について」『フロイト著作集 7』人文書院，9-22.
(9) 村上靖彦 (1990)「妄想」『異常心理学講座 6』みすず書房，55-106.
(10) 中井久夫 (1991)「精神病的苦悩を宗教は救済しうるか」『中井久夫著作集 5 病者と社会』岩崎学術出版社，240-256.
(11) 中井久夫 (1998)『最終講義』みすず書房.

(12) Arieti, S. (1974) Interpretation of Schizophrenia., 2nded., Basic Books. 殿村忠彦・笠原嘉監訳（1995）『精神分裂病の解釈』みすず書房.

(13) 中井久夫（1991）前掲書.

(14) 松本雅彦(1998)『こころのありか——分裂病の精神病理』日本評論社.

(15) Jung, C. G. (1914) Der Inhalt der Psychose., G. W. 3., Walter-Verlag, 171–215.

(16) Jung, C. G. (1952a) Synchronizität als ein Prinzip akausaler Zusammenhänge., G. W. 8., Walter-Verlag, 478–577. 河合隼雄・村上陽一郎訳（1976）『自然現象と心の構造』海鳴社.

(17) Jung, C. G. (1952b) Über Synchronizität., G. W. 8., Walter-Verlag, 579–591. 河合俊雄訳（1991）「共時性について」『時の現象学II』平凡社.

(18) Jung, C. G. (1952a) *ibid*.

(19) James, W. (1920) The Varieties of Religious Experience., Longmans, Green, and Co. 32nd Impression. 桝田啓三郎訳（1969, 1970）『宗教的経験の諸相 上/下』岩波文庫.

(20) Hillman, J. (1985) Archetypal Psychology., 2ndprinting, Spring Publications. 河合俊雄訳（1993）『元型的心理学』青土社.

(21) Loftus, E. (1979) Eyewittness Testimony., Harvard University Press. 西本武彦訳（1987）『目撃者の証言』誠信書房.

(22) Faucault, M. (1954) Maladie mentale et personnalité., Presses Universitaires de France. 中山元訳 (1997)『精神疾患とパーソナリティ』ちくま学芸文庫.

(23) Cohen, G., Eysenck, M. W. & LeVoi, M. E. (1986) Memory : A Cognitive Approach., The Open University. 長町三生監修（1989）『認知心理学講座 1 記憶』海文堂.

(24) Loftus, E. & Ketcham, K. (1994) The Myth of Repressed Memory., St. Martin's Press. 仲真紀子訳（2000）『抑圧された記憶の神話』誠信書房.

(25) Greenwald, A. G. (1980) The totalitarian ego : fabrication and revision of personal history., American Psycologist, 35, 603–618.

(26) Bartlett, F. C. (1932) Remembering : A Study in Experimental and Social Psychology., Cambridge University Press. 宇津木保・辻正三訳（1983）『想起の心理学』誠信書房.

(27) 遠藤由美(2000)「過去記憶と日記，そして自己」『現代のエスプリ 391 日記コミュニケーション』，84–97.

(28) Freud, S. (1899) Über Deckerinnerungen., G. W. 1., London : Imago, 531–

554. 小此木啓吾訳 (1970)「隠蔽記憶について」『フロイト著作集 6』人文書院, 18-35.

(29) Freud, S. (1901) Zur Psychopatologie des Alltagslebens., G. W. 4., London : Imago. 池見酉次郎・高橋義孝訳 (1970)「日常生活の精神病理学」『フロイト著作集 4』人文書院, 5-236.

(30) Freud, S. (1917) Vorlesungen zur Einführung in die Psychoanalyse., G. W. 11., London : Imago. 懸田克躬・高橋義孝訳 (1971)「精神分析入門」『フロイト著作集 1』人文書院, 7-383.

(31) Kotre, J. (1995) White Gloves., The Free Press. 石山鈴子訳 (1997)『記憶は嘘をつく』講談社.

(32) Jung, C. G. (1962) Erinnerung, Träume, Gedanken von C. G. Jung., Rascher Verlag. 河合隼雄・藤縄昭・出井淑子訳 (1972)『ユング自伝 1』みすず書房.

(33) 柄谷行人 (1979)『意味という病』河出書房.

(34) Kihlstrom (1994) The social construction of memory., Presented at American Psycho logical Society, Washington, DC, July 1.

(35) Jung, C. G. (1916) Psychoanalysis and neurosis., C. W. 4., Routledge & Kegan Paul, 243-251.

(35) 矢野智司 (2000)「生成する自己はどのように物語るのか」『人生を物語る』ミネルヴァ書房, 251-278.

(37) Hillman, J. (1985) *ibid*. 河合俊雄訳 (1993) 前掲書.

(38) Kraepelin, E. (1886) Über Erinnerungsfälschungen., Arch. Psychiat. Nervenkrh.,17, 830-834.

(39) Kraepelin, E. (1887) Über Erinnerungsfälschungen., Arch. Psychiat.Nervenkrh., 18, 395-436.

(40) 濱中淑彦 (1991)「記憶錯誤」『イマーゴ 7 記憶』青土社, 58-63.

(41) 濱中淑彦 (1986)『臨床神経精神医学――意識・知能・記憶の病理』医学書院.

(42) 安永浩 (1983)「分裂病の『記憶・想起』と『奇妙な思考』の問題点」『分裂病の精神病理 12』東京大学出版会, 265-300.

(43) 杉山登志郎(1994)「自閉症に見られる特異な記憶想起現象――自閉症の time slip 現象」精神経誌, 96(4), 281-297.

(44) 石井高明 (1983)「自閉症の諸問題――臨床家の立場から」精神医学, 25, 813-819.

(45) 栗田広(1987)「精神分裂病と全般性発達障害」『分裂病の精神病理 16』

東京大学出版会，27-45.
(46) 杉山登志郎（1994）前掲書.
(47) 杉山登志郎(1998)「発達障害の豊かな世界 10――自閉症の体験世界」『こころの科学 82』日本評論社，122-129.
(48) 鈴木茂（1982)「軽症非妄想型分裂病者の成長と言語変遷」精神神経学雑誌，84，1-19.
(49) 成田善弘（1989)『青年期境界例』金剛出版.
(50) 杉山登志郎（1994）前掲書.
(51) Butler, L. D. et al. (1996) Hypnotizability and traumatic experience : A diathesis-stress model of dissociative symptomatology., American Journal of Psychiatry, 153(7), 42-63.
(52) van der Kolk, B. A. & van der Hart, O. (1989) Pierre Janet and the breakdown of adaptation in psychological trauma., American Journal of Psychiatry., 146(12), 1530-1540.
(53) Herman, J. L. (1992) Trauma and Recovery., Basic Books. 中井久夫訳（1996)『心的外傷と回復』みすず書房.
(54) McDougall, J. (1989) Theaters of the Body., Free Association Books. 氏原寛・李敏子訳（1996)『身体という劇場』創元社.
(55) Kristal, H. (1979) Alexithymia and psychotherapy., American Journal of Psychotherapy, 33(1), 17-31.
(56) Marty, P. & deM'Uzan, M. (1963) La pensée opératoire., Revue Francaise de Psycho-analyse, 27, 1345-1356.
(57) Nemiah, J. C. & Sifneos, P. E. (1970) Psychosomatic illness : a problem of communication., Psychotherapy and Psychosomatics, 18, 154-160.
(58) Kristal, H. (1979) *ibid*.
(59) 成田善弘（1987)「強迫症」『異常心理学講座 4』みすず書房，45-105.
(60) 松本雅彦(1998)『こころのありか――分裂病の精神病理』日本評論社.
(61) Williams, D. (1992) Nobody Nowhere. 河野万里子訳（1993)『自閉症だったわたしへ』新潮社.
(62) Jung, C. G. (1921) Psychologische Typen., G. W. 6., Walter-Verlag.
(63) James, W. (1920) The Varieties of Religious Experience., 32ndImpression, Longmans, Green, and Co. 桝田啓三郎訳（1969, 1970)『宗教的経験の諸相 上／下』岩波文庫.
(64) Needham, R. (1981) Circumstantial Deliveries., University of California Press. 江河徹訳（1986)『人類学随想』岩波現代選書.

第二章　現実の遠近法

(1) Freud, S. (1896) Entwurf einer Psychologie. Bonaparte, M., Freud, A. & Kris, E. ed. (1950) Aus den Anfängen der Psychoanalyse. London : Imago, 371-466. 小此木啓吾訳（1974）「科学的心理学草稿」『フロイト著作集 7』人文書院，233-314.

(2) Freud, S. (1914) Zur Geschichte der psychoanalytischen Bewegung., G. W. 10., London : Imago, 44-113. 野田倬訳（1983）「精神分析運動史」『フロイト著作集 10』人文書院，255-310.

(3) Arlow, J. A. (1969) Fantasy, memory and reality testing., Psychoanalytic Quarterly, 38, 28-51.

(4) Freud, S. (1896) Entwurf einer Psychologie. Bonaparte, M., Freud, A. & Kris, E. ed. (1950) Aus den Anfängen der Psychoanalyse., London : Imago, 371-466. 小此木啓吾訳(1974)「科学的心理学草稿」『フロイト著作集 7』人文書院，233-314.

(5) Freud, S. (1900) Die Traumdeutung, G. W. 2/3., London : Imago, 1-642. 高橋義孝訳（1968）「夢判断」『フロイト著作集 2』人文書院.

(6) Freud, S. (1913a) Totem und Taboo, G. W. 9., London : Imago. 西田越郎訳 (1969)「トーテムとタブー」『フロイト著作集 3』人文書院，148-281.

(7) Freud, S. (1917) Vorlesungen zur Einführung in die Psychoanalyse., G. W. 11., London : Imago. 懸田克躬・高橋義孝訳（1971）「精神分析入門」『フロイト著作集 1』人文書院，7-383.

(8) Arlow, J. A. (1969) Fantasy, memory and reality testing., Psychoanalytic Quarterly, 38, 28-51.

(9) Schafer, R. (1970) The psychoanalytic vision of reality., International Journal of Psychoanalysis, 51, 279-297.

(10) Wallerstein, R. S. (1985) The concept of psychic reality : its meaning and value., Journal of the American Psychoanalytic Association, 33, 555-569.

(11) Freud, S. (1908) Der Dichter und das Phantasieren., G. W. 7., London : Imago, 213-223. 高橋義孝訳（1969）「詩人と空想すること」『フロイト著作集 3』人文書院，81-89.

(12) Rycroft, C. (1968a) Imagination and Reality., The Hogarth Press. 神田橋條治・石川元訳（1979）『想像と現実』岩崎学術出版社.

(13) Rycroft, C. (1968b) A Critical Dictionary of Psychoanalysis. 山口泰司訳（1992）『精神分析学辞典』河出書房新社.

⒁ Jung, C. G. (1921) Psychologische Typen., G. W. 6., Walter-Verlag.
⒂ Hillman, J. (1985) Archetypal Psychology., Spring Publications. 2ndprinting. 河合俊雄訳 (1993)『元型的心理学』青土社.
⒃ 安永浩(1980)「分裂病症状の辺縁領域 その3——非現実感の諸意識とパラノイア型意識」『分裂病の精神病理9』東京大学出版会, 35-78.
⒄ 木村敏 (1976)「離人症」『現代精神医学大系3B 精神症状学II』中山書店, 109-143.
⒅ Störring, E. (1933) Die Personalisation. Eine psychopathologische Untersuchung., Archiv für Psychiatrie und Nervenkrankheiten, 98, 462.
⒆ 木村敏 (1976) 前掲書.
⒇ Meyer, J.-E. (1956) Studien zur Depersonalisation.I., Über die Abgrenzung der Depersonalisation und Derealisation von schizophrenen Ichstörungen., Monatsschrift für Psychiatrie und Neurologie, 132.
(21) Meyer, J.-E. (1957) Studien zur Depersonalisation.II., Depersonalisation und Zwang als polare Störungen der Ich-Außenwelt-Beziehung., Monatsschrift für Psychiatrie und Neurologie, 132, 221.
(22) 村上仁 (1971)『精神病理学研究』みすず書房.
(23) 木村定(1959)「神経症性離人症の精神病理学的研究」関西医大誌, 11, 29.
(24) 小川信男(1961)「分裂病心性の研究——離人症と両価性の問題をめぐって」精神経誌, 63, 62.
(25) 木村敏 (1978)『自覚の精神病理』紀伊国屋書店.
(26) 木村敏 (1976) 前掲書.
(27) 木村敏 (1976) 前掲書.
(28) 松本雅彦(1998)『こころのありか——分裂病の精神病理』日本評論社.
(29) Faucault, M. (1954) Maladie mentale et personnalité., Presses Universitaires de France. 中山元訳(1997)『精神疾患とパーソナリティ』ちくま学芸文庫.
(30) 木村敏 (1982)『時間と自己』中公新書.
(31) 広沢正孝 (1994)「離人神経症の治療と離人症再考」臨床精神病理, 15(3), 271-285.
(32) 木村敏 (1978) 前掲書.
(33) 真木悠介 (1981)『時間の比較社会学』岩波書店.
(34) 井筒俊彦 (1991)『意識と本質』岩波文庫.
(35) 柄谷行人 (1979)『意味という病』河出書房.

(36) 中井久夫（1998）『最終講義』みすず書房.
(37) 広沢正孝（1994）前掲書.
(38) Jung, C. G. (1939) On the psychogenesis of schizophrenia., C.W. 3., Routledge & Kegan Paul, 233-249.
(39) Jung, C. G. (1907) Über die Psychologie der Dementia Praecox : Ein Versuch., G. W. 3., Walter-Verlag, 1-170.
(40) Arieti, S. (1974) Interpretation of Schizophrenia., 2nded., Basic Books. 殿村忠彦・笠原嘉監訳（1995）『精神分裂病の解釈』みすず書房.
(41) 武野俊弥（1994）『分裂病の神話』新曜社.
(42) 中安信夫（1990）『初期分裂病』星和書店.
(43) 武野俊弥（1995）「分裂病とユング派の治療」精神療法，21(3)，245-254.

第三章　臨床におけることばの意味

(1) 鈴木孝夫（1973）『ことばと文化』岩波新書.
(2) 井筒俊彦（1991）『意識と本質』岩波文庫.
(3) 鈴木孝夫（1973）前掲書.
(4) 鈴木大拙（1940）『禅と日本文化』岩波新書.
(5) 小林隆児（1996）「自閉症の精神病理から認知と情動の関連性について考える」『イマーゴ 10』青土社，77-85.
(6) 小林隆児（1996）前掲書.
(7) 堀孝文（1998）「過剰な内省と自生体験が目立つ一例――『初期分裂病』における思考障害について」松本雅彦編『精神分裂病 1』人文書院，93-116.
(8) 鈴木茂（1982）「軽症非妄想型分裂病者の成長と言語変遷」精神神経学雑誌，84，1-19.
(9) 成田善弘（1994）『強迫症の臨床研究』金剛出版.
(10) 河合隼雄（1984）『日本人とアイデンティティ』創元社.
(11) 横山博（1999）「共感と解釈――ユング心理学の視点から」成田善弘・氏原寛編『共感と解釈』人文書院，181-198.
(12) 成田善弘（1999）「共感と解釈――患者と治療者の共通体験の探索」成田善弘・氏原寛編『共感と解釈』人文書院，13-30.
(13) 氏原寛（1995）『おとなになるには』ミネルヴァ書房.

(14) 田中信市（1996）『家庭内暴力』サイエンス社.
(15) 斎藤学（1995）『「家族」という名の孤独』講談社.
(16) 稲村博（1980）『家庭内暴力』新曜社.
(17) 鈴木大拙（1940）『禅と日本文化』岩波新書.
(18) 成田善弘（1998）「境界例が精神医学に問いかけるもの」河合隼雄・成田善弘編『境界例』日本評論社，18-33.
(19) 河合隼雄（1995）『ユング心理学と仏教』岩波書店.
(20) 藤山直樹（1999）「共感——不可能な可能性」成田善弘・氏原寛編『共感と解釈』人文書院，223-239.

第四章　宗教の心理学的意味

(1) Jaspers, K. (1948) Allgemeine Psychopathologie., 5 Aufl., Springer.　内村祐之他訳（1953-56）『精神病理学総論』岩波書店.
(2) 松本雅彦(1998)『こころのありか——分裂病の精神病理』日本評論社.
(3) Needham, R. (1981) Circumstantial Deliveries., University of California Press.　江河徹訳（1986）『人類学随想』岩波現代選書.
(4) Jung, C. G. (1951) Aion., G. W. 9(2)., Walter-Verlag.　野田倬訳（1990）『アイオーン』人文書院.
(5) 中井久夫 (1983)「説き語り『強迫症』」『中井久夫著作集 2 治療』岩崎学術出版社，94-114.
(6) Salzman, L. (1968) The obsessive Personality., Jason Aronson.　成田善弘・笠原嘉訳（1985）『強迫パーソナリティ』みすず書房.
(7) 笠原嘉（1985）「訳者あとがき」Salzman, L. (1968) *ibid*.『強迫パーソナリティ』みすず書房.
(8) Wittgenstein, L. (1961) Tractatus Logico-Philosophicus., Routledge & Kagan Paul.　奥雅博訳(1975)『ウィトゲンシュタイン全集 1 論理哲学論考』大修館書店.
(9) Wittgenstein, L. (1994) Vermischte Bemerkungen., Suhrkamp Verlag.　丘沢静也訳（1999）『反哲学的断章』青土社.
(10) James, W. (1920) The Varieties of Religious Experience., Longmans, Green, and Co. 32nd Impression.　桝田啓三郎訳（1969, 1970）『宗教的経験の諸相 上/下』岩波文庫.
(11) Freud, S. (1901) Zur Psychopatologie des Alltagslebens., G. W. 4., London :

Imago. 池見酉次郎・高橋義孝訳 (1970)「日常生活の精神病理学」『フロイト著作集 4』人文書院，5-236.
(12) Freud, S. (1907) Zwangshandlungen und Religionsübungen., G. W. 7., London : Imago. 山本巌夫訳(1969)「強迫行為と宗教的礼拝」『フロイト著作集 5』人文書院，377-384.
(13) Freud, S. (1913a) Totem und Taboo., G. W. 9., London : Imago. 西田越郎訳 (1969)「トーテムとタブー」『フロイト著作集 3』人文書院，148-281.
(14) Freud, S. (1927) Die Zukunft einer Illusion., G. W. 14., London : Imago, 326-380. 浜川祥枝訳 (1969)「ある幻想の未来」『フロイト著作集 3』人文書院，362-405.
(15) Freud, S. (1930) Das Unbehangen in der Kultur., G. W. 14., London : Imago, 421-506. 浜川祥枝訳 (1969)「文化への不満」『フロイト著作集 3』人文書院，431-449.
(16) Jung, C. G. (1929a) Der Gegensatz Freud und Jung., G. W. 4., Walter-Verlag, 383-393.
(17) Jung, C. G. (1929b) Ziele der Psychotherapie., G. W. 16., Walter-Verlag, 48-63. 林道義編訳 (1989)「心理療法の目標」『心理療法論』みすず書房，33-62.
(18) Jung, C. G. (1938) Psychology and religion., C. W. 11., Routledge & Kegan Paul, 1-168. 村本詔司訳 (1989)『心理学と宗教』人文書院.
(19) Jung, C. G. (1942) Psychotherapie und Weltanschauung., G. W. 16., Walter-Verlag, 86-93. 林道義編訳 (1989)「心理療法と世界観」『心理療法論』みすず書房，63-75.
(20) Jung, C. G. (1957) Gegenwart und Zukunft., G. W. 10., Walter-Verlag, 275-336.
(21) Wittgenstein, L. (1994) *ibid*. 丘沢静也訳 (1999) 前掲書.
(22) Needham, R. (1981) *ibid*. 江河徹訳 (1986) 前掲書.
(23) Vyse, S. A. (1997) Believing in Magic : The Psychology of Superstition., Oxford University Press. 藤井留美訳(1999)『人はなぜ迷信を信じるのか』朝日新聞社.
(24) Taylor, S. (1989) Positive Illusions : Creative Self-Deceptions and Healthy Mind., Basic Book.
(24) 柏木哲夫 (1997)『NHK 人間大学 死を看取る医学』日本放送協会.
(26) Kübler-Ross, E. (1969) On Death and Dying. Macmillan. 川口正吉訳 (1971)『死ぬ瞬間』読売新聞社.

(27) 中島みち（1999）『奇跡のごとく』文藝春秋.
(28) 西谷啓治（1961）『宗教とは何か』創文社.
(29) 西谷啓治（1961）前掲書.
(30) 河合隼雄（1985）『カウンセリングを語る 下』創元社.

第五章 こころの治療とは何か

(1) Harrison, J. E. (1924) Mythology., Boston MA. 船木裕訳（1994）『ギリシアの神々——神話学入門』ちくま学術文庫.
(2) Lévi-Strauss, C. (1971) Mythologique IV : L'Homme nu., Librairie Plon.
(3) Lévi-Strauss, C. (1958) Anthropologie Structurale., Librairie Plon. 荒川幾男他訳（1972）『構造人類学』みすず書房.
(4) Lévi-Strauss, C. (1979) 大橋保夫編『クロード・レヴィ=ストロース日本講演集 構造・神話・労働』みすず書房.
(5) Lévi-Strauss, C. (1958) *ibid*. 荒川幾男他訳（1972）前掲書.
(6) Wittgenstein, L (1966) Ludwig Wittgenstein, Lectures and Conversations on Aesthetics, Psychology and Religious Belief (Barrett, C. ed). 藤本隆志訳（1977）「講義集 美学・心理学および宗教的信念についての講義と会話」『ウィトゲンシュタイン全集 10』大修館書店, 207-224.
(7) 石井奈緒（1990）「病いに対する新宗教の言説」『病むことの文化』海鳴社, 297-331.
(8) 松岡悦子（1990）「キツネつきをめぐる解釈」『病むことの文化』海鳴社, 263-296.
(9) Taylor, S. (1989) Positive Illusions : Creative Self-Deceptions and Healthy Mind., Basic Book.
(10) 波平恵美子（1984）『病気と治療の文化人類学』海鳴社.
(11) Turner, V. W. (1969) The Ritual Process., Aldine Publishing Company. 冨倉光雄訳（1976）『儀礼の過程』思索社.
(12) 波平恵美子（1984）前掲書.
(13) 浜野研三（1998）「物語を紡ぐ存在としての人間」『生命倫理学を学ぶ人のために』世界思想社, 119-128.
(14) Jung, C. G. (1946) Die Psychology der Übertragung., G. W. 16., Walter-Verlag. 林道義・磯上恵子訳（1994）『転移の心理学』みすず書房.
(15) 斎藤環（1998）『社会的ひきこもり』PHP 新書.

(16) Samuels, A. (1985) Jung and Post-Jungians., Routledge & Kegan Paul. 村本詔司・村本邦子訳（1990）『ユングとポスト・ユンギアン』創元社.
(17) 河合隼雄（1989）『生と死の接点』岩波書店.
(18) Neumann, E. (1963) Das Kind. Adolf Bonz. 北村普・阿部文彦・本郷均訳（1993）『こども――人格形成の構造と力学』文化書房博文社.
(19) 斎藤環（1998）前掲書.
(20) 松本雅彦（1998）「離人症にみる『二重意識』の病理――重症離人症三十七年の経過から」松本雅彦編『精神分裂病 1』人文書院, 263-291.
(21) 河合隼雄（1986）前掲書.
(22) 森茂起（2001）「ユング思想の問題点――その限界と可能性」山中康裕編『知の教科書 ユング』講談社選書メチエ, 120-128.
(23) Searles, H. F. (1979) Countertransference and related subjects. 松本雅彦他訳（1991）『逆転移 1』みすず書房.
(24) 松本雅彦（1998）前掲書.
(25) 山中康裕（2000）『こころに添う』金剛出版.

第六章　二つのこころが出会うとき

(1) 土居健郎（2000）『土居健郎選集 4 精神療法の臨床』岩波書店.
(2) Fordham, M. (1974) Countertransference. Technique in Jungian Analysis., Karnac Books, 240-250. 氏原寛・李敏子訳（1992）「逆転移」『ユング派の分析技法』培風館, 206-215.
(3) Racker, H. (1968) Transference and Countertransference., The Hogarth Press. 坂口信貴訳（1982）『転移と逆転移』岩崎学術出版社.
(4) Searles, H. F. (1979) Countertransference and related subjects. 松本雅彦他訳（1991）『逆転移 1』みすず書房.
(5) Samuels, A. (1985) Jung and Post-Jungians., Routledge & Kegan Paul. 村本詔司・村本邦子訳（1990）『ユングとポスト・ユンギアン』創元社.
(6) Jung, C. G. (1935) Analytical Psychology : its theory and practice, The Tavistock lectures., C. W. 18. 小川捷之訳（1976）『分析心理学』みすず書房.
(7) Jung, C. G. (1987) Kinderträume., Walter-Verlag. 氏原寛監訳（1992）『子どもの夢 I』人文書院.
(8) Schwartz-Salant, N. (1984) Archetypal factors underlying sexual acting-out

in the transference-countertransference process., Chiron : A Review of Jungian analysis., Chiron Publications.　林道義訳（1992）「転移・逆転移過程における性的行動化の根底にある元型的要因」ユング研究，4，22-52.
(9) Klein, M. (1948) On the theory of anxiety and guilt., The Writings of Melanie Klein, 3., The Hogarth Press.　杉博訳（1985）；「不安と罪悪感の理論について」小此木啓吾・岩崎徹也責任編集『妄想的・分裂的世界』誠信書房，33-54.
(10) Winnicott, D. W. (1971) Playing and Reality., Tavistoc Publication.　橋本雅雄訳（1979）『遊ぶことと現実』岩崎学術出版社.
(11) Freud, S. (1922) Über einige neurotische Mechanismen bei Eifersucht, Paranoia und Homosexualitat., G. W. 13., London : Imago, 195-207.　井村恒郎訳(1970)「嫉妬，パラノイア，同性愛に関する二，三の神経症的機制について」『フロイト著作集 6』人文書院，254-299.
(12) Jung, C. G. (1946) Die Psychology der Übertragung., G. W. 16., Walter-Verlag.　林道義・磯上恵子訳（1994）『転移の心理学』みすず書房.
(13) Searles, H. F. (1979) *ibid*.　松本雅彦他訳（1991）前掲書.
(14) Jung, C. G. (1935) *ibid*.　小川捷之訳（1976）前掲書.
(15) Jung, C. G. (1946) *ibid*.　林道義・磯上恵子訳（1994）前掲書.
(16) Freud, F. (1915) Bemerkungen über die Übertragungsliebe., G. W. 10., London : Imago, 306-321.　小此木啓吾訳（1983）「転移性恋愛について」『フロイト著作集 9』人文書院，115-126.
(17) 森省二 (1982)「症例 I 子」『現代のエスプリ 175 境界例の精神病理』至文堂，155-171.

第七章　共感のない解釈と，解釈のない共感

(1) 西園昌久（1987）「解釈することの意味」精神分析研究，31(1)，1-5.
(2) 成田善弘（1987）「転移と逆転移の観点から」精神分析研究，31(1)，7-12.
(3) Jung, C. G. (1929) Die Problem der modernen Psychotherapie., G. W. 16., Walter-Verlag, 64-85.
(4) Jung, C. G. (1959) Gut und Böse in der analytischen Psychologie., G. W. 10., Walter-Verlag, 497-510.　林道義編訳（1989）「分析心理学における善と悪」『心理療法論』みすず書房，107-131.

(5) Jung, C. G. (1959) *ibid*. 林道義編訳（1989）前掲書.
(6) Jung, C. G. et al. (1975) Man and His symbols., Aldus Books. 河合隼雄監訳（1975）『人間と象徴 上』河出書房新社.
(7) Truax, C. G. & Carkhuff, R. R. (1992) Towards Effective Counselling and Psychotherapy., Chicago, Aldine.
(8) Rogers, C. R. (1957) The necessary and sufficient conditions of therapeutic change., Journal of Consulting Psychology, 21, 95–103.
(9) Racker, H. (1968) Transference and Countertransference., The Hogarth Press. 坂口信貴訳（1982）『転移と逆転移』岩崎学術出版社.
(10) Jung, C. G. (1962) Erinnerung, Träume, Gedanken von C. G. Jung., Rascher Verlag. 河合隼雄・藤縄昭・出井淑子訳（1972）『ユング自伝 1』みすず書房.
(11) 土居健郎（2000）『土居健郎選集 4 精神療法の臨床』岩波書店.
(12) Rycroft, C. (1968) A Critical Dictionary of Psychoanalysis., Thomas Nelson & Sons. 山口泰司訳（1992）『精神分析学辞典』河出書房新社.
(13) Racker, H. (1968) *ibid*. 坂口信貴訳（1982）前掲書.
(14) Freud, S. (1913b) Zur Einleitung der Behandlung., G. W. 8., London : Imago, 454–478. 小此木啓吾訳（1983）「分析治療の開始について」『フロイト著作集 9』人文書院, 87–107.
(15) Racker, H. (1968) *ibid*. 坂口信貴訳（1982）前掲書.
(16) Rycroft, C. (1968) *ibid*. 山口泰司訳（1992）前掲書.
(17) Kohut, H. (1984) How Does Analysis Cure ? 本城秀次・笠原嘉監訳（1995）『自己の治癒』みすず書房.
(18) Guggenbühl-Craig, A. (1978) Macht als Gefahr beim Helfer., Karger AG. 樋口和彦・安溪真一訳（1981）『心理療法の光と影』創元社.
(19) Fordham, M. (1974) Notes on the transference., Technique in Jungian Analysis., Karnac Books, 111–151. 氏原寛・李敏子訳（1992）「転移についての覚え書」『ユング派の分析技法』培風館, 94–127.
(20) Plaut, A. (1974) The transference in analytical psychology., Technique in Jungian Analysis., Karnac Books, 152–160. 氏原寛・李敏子訳（1992）「分析心理学における転移」『ユング派の分析技法』培風館, 128–135.
(21) Fordham, M. (1974) *ibid*. 氏原寛・李敏子訳（1992）前掲書.
(22) Balint, M. (1968) The Basic Fault : Therapeutic Aspects of Regression., Tavistoc Publications. 中井久夫訳（1978）『治療論からみた退行』金剛出版.

(23) Rycroft, C. (1968) *ibid*. 山口泰司訳（1992）前掲書.
(24) 成田善弘（1989）『青年期境界例』金剛出版.
(25) 成田善弘（1987）「転移と逆転移の観点から」精神分析研究，31(1)，7-12.
(26) Lambert, K. (1974) The personality of the analyst in interpretation and therapy., Technique in Jungian Analysis., Karnac Books, 18-44. 氏原寛・李敏子訳（1992）「解釈と治療における分析家の人格」『ユング派の分析技法』培風館，15-37.
(27) Jung, C. G. et al. (1964) Man and His Symbols., Aldus Books. 河合隼雄監訳（1975）「無意識の接近」『人間と象徴 上』河出書房新社，17-158.
(28) 松本雅彦(1998)『こころのありか――分裂病の精神病理』日本評論社.
(29) 中井久夫（1985）「精神分裂病者への精神療法的接近」『中井久夫著作集 2 治療』岩崎学術出版社，3-23.
(30) 中井久夫（1985）前掲書.
(31) 中井久夫（1985）「妄想患者とのつき合いと折り合い」『中井久夫著作集 2 治療』岩崎学術出版社，46-56.
(32) 河合隼雄（1967）『ユング心理学入門』培風館.
(33) 河合隼雄（1967）前掲書.
(34) Rycroft, C. (1968) *ibid*. 山口泰司訳（1992）前掲書.
(35) 皆川邦直（1982）「解釈技法 その一」『精神分析セミナー II』岩崎学術出版社，107-145.

著者紹介

李 敏子（り・みんじゃ）

1959年，大阪府に生まれる。
京都大学薬学部および教育学部卒業。
京都大学大学院教育学研究科博士課程修了。
京都大学博士（教育学）。臨床心理士。
現在，椙山女学園大学人間関係学部・人間関係学研究科助教授。

主な著訳書に『心理療法における言葉と身体』（ミネルヴァ書房，1997），サミュエルズ編『こころの病理学』（共訳，培風館，1991），フォーダム編『ユング派の分析技法』（共訳，培風館，1992），ユング『子どもの夢』（共訳，人文書院，1992），フォン・フランツ他『臨死の深層心理』（共訳，人文書院，1994），マクドゥーガル『身体という劇場』（共訳，創元社，1996）などがある。

新曜社 「意味《いみ》」の臨床《りんしょう》
現実をめぐる病理

初版第1刷発行 2002年5月17日

著 者 李 敏子 ©

発行者 堀江 洪

発行所 株式会社 新曜社
〒101-0051 東京都千代田区神田神保町2-10
電話(03)3264-4973(代)・FAX(03)3239-2958
e-mail info@shin-yo-sha.co.jp
URL http://www.shin-yo-sha.co.jp/

印 刷 株式会社 太洋社
製 本 イマヰ製本

Printed in Japan

ISBN 4-7885-0803-6 C1011